I0248432

# الرفيق العربي

# دليلك للكتابة

# The Arabic Companion's

# Guide to Writing

CHAWKI NACEF

# The Arabic Companion's Guide To Writing

# Copyright

## COPYRIGHT NOTICE

All rights reserved. No part of this publication may be reproduced in any form or by any means (including photocopying or sorting it in any medium by electronic means and whether or not transiently or incidentally to some other use of publication) without the written permission of the copyright owner, except in accordance with the provisions of the Copyright, Designs and Patents Act 1988 or under the terms of a licence issued by the Copyright Licensing Agency, Saffron House, 6-10 Kirby Street, London EC1N 8TS (www.cla.co.uk). Applications for the copyright owner's written permission should be addressed to the author.

## DISCLAIMER

This material has been published following general academic writing norms and suggested tips and advice. This does not mean that the material is essential to achieve any academic qualification, nor does it mean that it is the only suitable material available to support any examination qualification.

## ACKNOWLEDGMENTS

Images: OpenClipart.org
www.sxc.hu

Every effort has been made to contact copyright holders of material reproduced in this book. Any omissions will be rectified in subsequent printings if notice is given to the publishers or author.

## INFORMATION

For updates and supplementary material visit:
www.araboo.co.uk or
www.arabic-companion.com

Copyright © 2023 Chawki Nacef
All rights reserved.
info@arcbic-companion.com
ISBN- 9781916122949

# The Arabic Companion's Guide To Writing

## Table of Content

| Unit | | Page |
|---|---|---|
| About this guide | | 6 |
| UNIT 1: Punctuation | الترقيم | 8 |
| UNIT 2: Writing a recount | رواية الأحداث | 14 |
| UNIT 3: Compare & Contrast Texts | كتابة مقالة المقارنة | 22 |
| UNIT 4: Biographies | كتابة السيرة الغيرية | 28 |
| UNIT 5: Expositions | النص الإقناعي | 36 |
| UNIT 6: Writing opinion essays | كتابة مقالات الرأي | 44 |
| UNIT 7: Revision: Connectives | مراجعة الروابط | 50 |
| UNIT 8: Writing a holiday review | كتابة تقرير نقدي لعطلة | 54 |
| UNIT 9: Describing a scene | وصف مشْهد | 60 |
| UNIT 10: Describing a person | وصف شخص | 68 |
| UNIT 11: Writing a narrative | الكتابة السردية | 74 |
| UNIT 12: Writing an instructional text | كتابة نص توجيهيّ | 82 |
| UNIT 13: Writing a book review | كتابة تقرير نقدي لكتاب | 88 |
| UNIT 14: Writing an explanation | كتابة النَّصّ الشَّرْحِي | 94 |
| UNIT 15: Writing a letter | كتابة الرَّسَائِل | 100 |
| UNIT 16: Writing imaginative texts | كتابة النص الخيالي | 106 |
| UNIT 17: Writing good titles | كتابة العنوان المناسب | 114 |
| UNIT 18: Assignment prompts | مطالبات الواجب | 120 |

# Table of Content

# The Arabic Companion's Guide To Writing

# HOW TO USE THIS GUIDE

This guide is principally **for non-native speakers of Arabic**. It consists of eighteen units, each covering a different type of writing. Each unit contains samples of first drafts. These are followed by exercises designed to help the students improve their drafts. There is one example of a final draft, which models the writing for students. Students are sometimes asked to complete a partially constructed final draft, and finally to construct a text independently. These last two activities allow students to put the knowledge they have acquired into practice.

The units are organised as follows:

### An introduction to the text

This section looks at the features of the text. There are also short exercises to help students identify the type of text or its features.

### A first draft

This section focuses on the planning and writing of the first draft. There is a comprehensive checklist that enables students to identify the features that have or have not been included in the draft, as well as other short exercises.

### A step-by-step plan

This section contains steps designed to help students improve the draft. Some of the steps focus on the structure of the text, while others focus on the language features.

### A final draft

The final draft is an example of a more advanced student's writing. It is accompanied by comments that point out the features of the text and guide the students to identify them.

### Your turn

The final page of the unit contains a list of topics, from which students choose one to write about. Included is a checklist to guide students in their writing. There is also a note directing students to a word bank at the back of the book where they can find vocabulary to help them with the writing task.

# About this guide

## NOTE TO THE STUDENT

The guide is aimed at lower to upper intermediate learners, typically Key Stage 4 of the English national curriculum. It goes through most of what you have learned in class with your teacher. You will find lots of different ways to learn, and plenty of practice questions too.
In this guide, there are lots of different features to help you develop your writing skills. They will help you to focus on the basic and also advanced skills leading up to the GCSE and GCE examinations.

This guide will help you with your writing tasks, in Arabic and even other languages.
There are eighteen units altogether, each focusing on a different type of text. Some texts are imaginative, such as narratives and stories. Others are factual, such as reports and explanations. Each unit contains an introduction that explains the purpose of the text and its special features

There are also examples of students' first drafts. These are followed by practice exercises that aim to improve the draft. Some of the exercises focus on the structure of the text. Others focus on its language features. There is one example of a final draft. Make sure you read carefully the comments beside each paragraph.

At the end of the unit is a text that is missing some of its paragraphs. You should try to fill in the missing sections, using the step-by-step improvement exercises to help you. In the final activity, you may also be given a topic to write about.

Most of the activities can be written in this guide, but you will have to use your own paper for the final writing activity. It is recommended that you dedicate a notebook or folder for this. If you are not sure how to write something, use the sample texts and the checklists to help you.

It is best to work through the guide in a linear way, from Unit 1 to the end. This will help you build on skills you have already learned. However, if you are learning about a particular type of text in school, you could do that unit in the book. For example, if you are learning about explanations, you could do Unit 14.

It is important that you have a dictionary, a thesaurus and your classroom notes handy as you work through the guide, and that you ask for your teacher's help if you need it.

Enjoy using this guide and doing the activities.

# 1 Punctuation الترقيم

**What is punctuation?**

Punctuation (الترقيم) in Arabic language is putting certain marks in writing to indicate the places where speech begins, and where it stops and continues after stopping.

Basically, the aim of the punctuation marks (علامات الترقيم) is to tell the reader where there is a pause in the sentence or group of sentences for the reader. And they're also used to help the reader identify the tone of the text as well as the purpose of the words being said (whether the words are meant as a question or are used to express surprise for example).

## The comma الفاصلة ،

The comma is used in the position that the writer deems appropriate or to finish writing a meaningful sentence. In the following paragraphs, we will learn about some of the comma positions as follows:

**A.** After the sentence that completes its meaning (بين أجزاء الكلام التام): It is worth noting that the comma is placed after the end of the meaningful sentence, but the writer wants to complete the paragraph, for example in this sentence:

إن العلم نور، يهدي العقل وينير القلب.

Knowledge is light, it guides the mind and enlightens the heart.

**B.** Between types and sections (بين الشيء وأقسامه): In the event that the writer wants to display the types or sections of a specific thing, then between each type and the other it is necessary to put a comma, such as:

The red color, white color, and black color اللون الأحمر، واللون الأبيض، واللون الأسود.

**C.** Between the condition and the clause of the condition (بين الشرط والجزاء): The comma is placed in the conditional statement between the condition and its clause, especially if the conditional statement is long, such as:

If you do not study well, you will not succeed in the exam. إن لم تذاكر جيدًا، لن تنجح في الامتحان.

After the oath: the comma is also placed in the oath statement between the oath and its clause, such as:

والله، لأضربنك. By God, I will hit you.

# Punctuation

D. When someone is calling someone else in Arabic, we add "ya" before the name of the person (بعد لفظ المنادى). It can be translated in "Oh" as in "Oh, Amjad. Open the door."

Although this structure isn't commonly used in English and sounds like something from a literature book, it's widely used in Arabic, and the noun that follows "ya" is a noun in the invocative case which we will study about in detail later.

For example: يا أمجد، افتح الباب

In this sentence, someone is calling Amjad (Oh Amjad) so the word "Amjad' is followed by a comma.

E. It is used after "yes" نعم or "no" لا - كلا or بلى (which is the positive response to a negative question). بعد حرف الجواب

Example:

- Did you see the moon? هل رأيت القمر؟

- Yes, I saw it. نعم، رأيته.

## The full stop النقطة .

It's used when the meaning of the sentence is complete.

For example: ذهب الفتى إلى الحديقة ليلعب مع أصدقائه. The boy went to the park to play with his friends.

The meaning of the sentence is complete so we write a fullstop.

## Quotation marks علامتا التنصيص " "

They're used at the beginning and at the end of quoted speech, when you're repeating someone else's speech word by word.

Example:

قال عماد لأخيه : "لا تنس أنني سأكون دائمًا معك، فلا داعي للقلق."

Emaad told his brother "don't forget that I will always be there with you, so there's no need to worry."

Note: usually in English, the quoted speech comes first then the verb follows (Example: "Be careful," said Jane) while in Arabic the verb comes first like in the sentence above. I translated the sentence in English and kept the Arabic structure to make it easier to understand.

## The brackets القوسان الهلاليان ( )

When someone is adding more information or explanation to the sentence. Note that the additional sentence (the one between brackets) can be removed from the sentence and the meaning will not change. It will be less nuanced, of course because there is a detail lost but the general meaning is still the same.

Example :

الظروف الطبيعية القاسية (البرد الشديد ثم الجفاف) أفسدت موسم الفواكه هذا العام.

The harsh environmental conditions (the extreme cold and the drought) have ruined the entire fruit crop this year.

## Colon النقطتان الرأسيتان :

They are used after statements and reported speech

Example:

قال عماد لأخيه: "لا تنس أنني سأكون دائمًا معك، فلا داعي للقلق."

Emaad told his brother: "don't forget that I will always be there with you, so there's no need to worry."

They are also used when you're stating the different types of something, for example:

رأيت في السلة أنواعًا مختلفة من الفاكهة: البرتقال، و التفاح، و المشمش، و الفراولة.

I saw different types of fruit in the basket : oranges, apples, apricots, and strawberries.

In this example, the speaker is stating the different types of fruits, which is why they used the colon.

## Question mark علامة الاستفهام ؟

Used after a question. Example:
What's your name? ما اسمك؟

## Exclamation mark علامة التعجب !

Used to express the speaker's surprise.
Example:
Your painting is so beautiful! ما أجمل لوحتك!

# Punctuation

## Dash الشَّرطَة

It is used at the beginning of a conversation, and to separate the speech of two people.

Example:

- هل أعدت لندى ساعتها التي نسيتها؟

- بالطبع، أعدتها لها بالأمس.

- ممتاز.

- Did you return Nada's watch that she forgot?

- Of course, I gave it back yesterday.

- Excellent.

The two dashes are also used in a manner that is similar to the use of the brackets, when we put them at the beginning of end of an additional sentence that is used to give extra meaning but if it's omitted, the meaning of the original sentence will be the same.

Example:

كنت جالسًا في فناء الدار، فسمعت - ولم أكن أتجسس- مشاجرة بين جاري وزوجه.

I was sitting in the backyard, so I heard –and I wasn't eavesdropping- a fight between my neighbour and his spouse.

So, as you can see, the example that is between the two dashes is an additional piece of information, if it is removed, we will still be able to understand the sentence.

## The semicolon الفاصلة المنقوطة

It's used between long sentences connected to each other and they share a purpose.

Example:

خير الكلام ما قل ودل؛ ولم يطل فيمل.

Good discourse is what makes sense with brevity; and it is not too long to afflict boredom.

The purpose of the two parts of the sentence is to explain what qualities good discourse has.

It is also used to separate sentences in which the meaning is complete but the sentences are linked with a certain preposition.

# The Arabic Companion's Guide To Writing

Example:

إن الناس لاينظرون إلى الزمن الذي تم فيه العمل ؛ وإنما ينظرون إلى مقدار جودته وإتقانه.

People don't pay attention to the time that has been taken to complete a task; **but** they pay attention to the quality and accuracy in which it has been performed.

Instead of putting these two long sentences next to one another, we separated them with the semicolon so that it will be easier to understand the meaning.

### The ellipsis علامة الحذف ...

It's also known as نقط الحذف

These points are added in the place of the omitted speech. The person can omit parts of a sentence for many reasons.

In speech, we sometimes leave sentences unfinished for a variety of reasons. Maybe we forgot what we wanted to say, or maybe our listeners already know what we'll say, so we don't need to say it.

In writing, this occurrence is represented by an ellipsis. When an ellipsis comes at the end of a sentence or quote, it means that the speaker has trailed off before finishing.

Example:

هل تريد بعض السكر في قهوتك أم...

Would you like sugar for your coffee, or . . .

We can see that the punctuation marks and their uses in Arabic are very similar to other languages, but it's still important.

**Task 1:** Indicate which punctuation marks are used in the following sentence:

"استيقظ محمد نشيطا، ثم ذهب إلى المدرسة، وقابل أصدقائه في طابور الصباح، فقال له أحد أصدقائه كم عدد حصص اليوم؟ فرد عليه محمد وقال: 6 حصص".

| | | | |
|---|---|---|---|
| علامات التنصيص | ☐ | الفاصلة | ☐ |
| علامة الاستفهام | ☐ | النقطتان الرأسيتان | ☐ |
| النقطة | ☐ | علامة التعجب | ☐ |

# Punctuation

**Task 2:** Add the appropriate punctuation marks in the following sentences:

- ذهبت سلمى مع عائلتها لقضاء العطلة في العقبة [ ]

- كانت زينب معتمدة على نفسها [ ] تقوم بتنظيف المنزل [ ] تنظيف غرفتها [ ] وترتيب العابها [ ]

- كم كان الطقس جميلا اليوم [ ]

- قال أحمد [ ] هل يمكنني زيارة جدي ليلا [ ] قالت أسماء [ ] سأذهب معك [ ]

- هل ستعود إلى المنزل [ ]

- ما أجمل فصل الربيع [ ]

- قال محمّد [ ] سأذهب إلى المغرب العربي [ ]

**Task 3:** The following sentences have the wrong punctuation marks. Re-write the sentences with the correct punctuation:

استيقظت سارة صباح يوم الاثنين. وقامت بأداء فريضتها: وذهبت إلى المدرسة. قابلت صديقتها في طابور المدرسة وحضرا سويا يومهم الدراسي الممتع. رجعت سارة إلى المنزل فعندما علمت بأن والدتها قد أعدت لها أكلتها المفضلة قالت. كم أنت عظيمة يا أمي؟ فسعدت الأم لسعادة ابنتها ثم قالت لها بدلي ثيابك. وأقيم فرضك ثم نأكل سويا ونحكي لي عن يومك ومن قابلتي!.

# 2 Writing a recount رواية الأحداث

A **recount** is generally an **informative** text. It tells about something that has already happened, in the order in which the events took place.
Examples of recounts include diary and journal entries, historical reports, letters, emails and postcards, newspaper reports and biographies or autobiographies. In this unit we will be looking at **newspaper reports الخبر الصَّحفيّ.**
The main **purpose** of a newspaper report is to give readers **information** about people and events in an interesting way.
A **newspaper report** should have:

a **headline** (عنوان الخبر) that captures the reader's attention and contains a hint of what the report is about. The headline is usually short and is written in a large, bold font.

✶ an **introduction** (مُقدّمة), that sets the scene. It tells the reader **who** (مَن) was involved, **what** (ماذا) happened and **where** (المكان), **when** (الزمان) and sometimes **why** (السبب) the events took place.

✶ a **retelling** (رواية الأحداث) of the events, usually in the order in which they happened.

✶ **quotes** (استشهادات) or **statements** (تصريحات) from witnesses or people involved.

✶ a **final paragraph** (خاتمة) that wraps up the report.

**Task 1: In each of the following pairs, which is more likely to be a newspaper headline?**

أ ☐ زلزال يتسبب في انهيار جسر.

ب ☐ زلزال يُدَمِّرُ جِسرا.

ج ☐ العدّ التنازُلِيّ!

د ☐ النهائي بعد يوْمَيْن.

**Task 2: Which of the texts below could be the opening paragraph of a newspaper report?**

أ
تتشكل الأعاصير الاستوائية على المحيطات الدافئة ويمكن أن تسبب الكثير من الضرر عندما تقترب من السّواحل.

ب
اجتاح إعصار بلدة تيمبلتون الأمريكية في وقت مبكر من صباح هذا اليوم، مدمرا المباني والأشجار.

# Writing a recount

This student has to turn a story he has seen on television into a newspaper report. He has chosen a story he saw recently about a man who got lost in the sea. This is how he organised his information.

**Notes**

| | |
|---|---|
| عنوان الخبر | أكل الخيزران وواجه مخلوقات غريبة.. رجل ينجو من الموت بأعجوبة |
| مَن | جيمس ميشيل غرايمز - سائح على متن سفينة سياحية |
| ماذا | سقط من سفينة سياحية ليلا، وقضّى 20 ساعة متواصلة في المياه |
| المكان | بخليج المكسيك |
| الزمان | 20 ساعة متواصلة |
| ماذا حدث من بعد | أنقذه خفر السواحل الأمريكي الذي رصد السيد غرايمز في الماء |
| مزيد من المعلومات حول الشخص | أكل الخيزران وواجه مخلوقات غريبة |
| ما قاله الناس | راكبة التي كانت على متن السفينة: "عندما اكتشفنا أن أحدهم قد سقط في البحر، شعرنا على الفور بالتوتر الشديد والخوف، ولم أكن أعرف ما الذي سيحدث لأنه لم يكن لدينا خدمة خلوية بسبب البعد". الشركة المشغلة للسفينة: "إننا نقدر بشدة جهود الجميع، لا سيما خفر السواحل الأمريكي الذي رصد السيد غرايمز في الماء". |
| معلومات للفقرة الأخيرة | ارتياح وفرح عائلته وأصدقائه |

## Step-by-step plan

### Step 1: Create a good headline

The **headline** (العنوان الرئيسي) is the heading at the top of a newspaper report or article. It should give the reader a clue about what the report or article is about.
To **capture** the reader's **attention**, and to encourage them to read the report, the headline should be interesting.

**Task 3:** These are three more headlines for the report. Which one is most likely to capture the reader's attention?

أ رجل ينجو من الموت بأعجوبة

ب عاد من البحر بعد 20 ساعة

ج حادث على السفينة السياحية

# The Arabic Companion's Guide To Writing

**Task 4:** Now write another good headline for the report.

................................................................................................................................

## Step 2: Write a good introduction

> The **introduction** (مُقدّمة) is the opening paragraph or two of the report. It should set the scene by telling the reader **who** (مَن) was involved, **what** (ماذا) happened, and **where** (المكان), when and sometimes **why** (السبب) the events occurred.

**Task 5:** There is some important information left out in the opening paragraphs. We also need to tighten them up a bit.

Use the information in the notes to complete these two separate paragraphs.

جيمس ميشيل غرايمز، (مَن هُوَ؟) ................................ في مقابلة حصرية مع برنامج " غود مورنينغ أميركا"، أنه (مَاذَا حَدَثَ له؟) ................................ (المَكَان) ................................ وقَد قَضَّى ................................ (المُدَّة) في الماء.

## Step 3: Include quotes

> A **quote** (اقتباس) repeats the **exact words** someone said. Including quotes from witnesses or people involved in the events **adds interest** (يظيف اهتماما) to a newspaper report.

While it is important to include people's statements in the report, it would have more impact if some of them were written as direct speech. For example:

Reported speech:

قال جيمس أنه اضطر لمواجهة قناديل البحر ومخلوقات بحرية غريبة أخرى وأنه كان عليه أن يأكل أشياء تطفو بالقرب منه للحفاظ على طاقته.

Direct speech:

قال جيمس: "لقد اضطررت لمواجهة قناديل البحر ومخلوقات بحرية غريبة أخرى. وقد كان عليّ أن آكُل أشياء تطفو بالقرب مني للحفاظ على طاقتي."

> **HINT!** Make sure you put speech marks (" ") around the exact words someone says, including any punctuation. You might also have to change the pronouns and tense when writing reported speech as direct speech.

# Writing a recount

**Task 6:** Rewrite each of the following statement so that the part in italics is in <u>direct speech</u>. Use the example above to help you.

شانت ميلر وايت، الراكبة التي كانت على متن السفينة مع زوجها وأفراد أسرتها، قالت أنه عندما اكتشفوا أن أحدهم قد سقط في البحر، شعروا على الفور بالتوتر الشديد والخوف، ولم يكن يعرفون ما الذي سيحدث لأنه لم يكن لديهم خدمة خلوية بسبب البعد.

.......................................................................................................................
.......................................................................................................................
.......................................................................................................................

**Step 4: Pack information into a paragraph**

> In newspaper reports, packing information from two or three sentences into one paragraph makes your writing tighter and easier to read.

You could rewrite some of your paragraphs so that they contain more detail and read more fluently.

في حادثة غريبة، لأنجليزي جيمس ميشيل غرايمز والبالغ من العمر 28 سنة سقط ليلا من سفينة سياحية بخليج المكسيك، لينجو بشكل مذهل بعد قضائه 20 ساعة متواصلة في المياه.

←

في حادثة غريبة، (الاسم) جيمس ميشيل غرايمز (الحدث) سقط من سفينة سياحية. جيمس من (بلده) انجلترا (العمر) ويبلغ عمره 28 سنة. كانت السفينة (مكان الحدث) في خليج المكسيك. (زمن الحدث) وكان الوقت ليلا. نجا جيمس ميشيل غرايمز بشكل مذهل. (مدّة الحدث) قضى جيمس 20 ساعة متواصلة في المياه.

**Task 7:** Turn the following sentences into a single paragraph.

لم يكن لدى السيد غرايمز ما يأكله أو يشربه طوال فترة وجوده في الماء. طافت عصا خيزران بجانبه. أخذها وأخذ يمضغها. ليس لديه أي فكرة عما إذا كانت توفر أي قيمة غذائية. فكّر أنها على الأقل توفر الراحة لتذوق شيء آخر غير الماء المالح.

.......................................................................................................................
.......................................................................................................................
.......................................................................................................................

# The Arabic Companion's Guide To Writing

**Step 5: The final draft**

**Task 8:** Read the draft and then answer the question.

**أكل الخيزران وواجه مخلوقات غريبة.. رجل ينجو من الموت بأعجوبة**

قَالَ جِيمْسْ مِيشِيلْ غْرَايِمْزْ، السَّائِحُ الْأَنْجِلِيزِيُّ، فِي مُقَابَلَةٍ حَصْرِيَّةٍ مَعَ بَرْنَامَج "غُودْ مُورْنِينْغْ أَمِيرِكَا" أَنَّهُ نَجَا مِنَ الْغَرَقِ بِأُعْجُوبَةٍ.

فِي حَادِثَةٍ غَرِيبَةٍ، سَقَطَ الْأَنْجِلِيزِيُّ جِيمْسْ مِيشِيلْ غْرَايِمْزْ وَالْبَالِغُ مِنَ الْعُمْرِ 28 سَنَةً مِنْ سَفِينَةٍ سِيَاحِيَّةٍ بِخَلِيجِ الْمَكْسِيكِ لَيْلًا، لِيَنْجُوَ بِشَكْلٍ مُذْهِلٍ بَعْدَ قَضَائِهِ 20 سَاعَةً مُتَوَاصِلَةً فِي الْمِيَاه.

لَمْ يَكُنْ لَدَى السَّيِّدِ غْرَايِمْزْ مَا يَأْكُلُهُ أَوْ يَشْرَبُهُ طَوَالَ فَتْرَةِ وُجُودِهِ فِي الْمَاءِ. لِهَذَا السَّبَبِ عِنْدَمَا طَافَتْ عَصَا خَيْزُرَانٍ بِجَانِبِهِ، أَخَذَهَا وَأَخَذَ يَمْضُغُهَا. عَلَى الرَّغْمِ مِنْ أَنَّهُ لَيْسَ لَدَيْهِ أَيُّ فِكْرَةٍ عَمَّا إِذَا كَانَتْ تُوَفِّرُ أَيَّ قِيمَةٍ غِذَائِيَّةٍ، إِلَّا أَنَّهُ فَكَّرَ أَنَّهَا عَلَى الْأَقَلِّ تُوَفِّرُ الرَّاحَةَ لِتَذَوُّقِ شَيْءٍ آخَرَ غَيْرِ الْمَاءِ الْمَالِحِ.

قَالَ جِيمْسْ: "لَقَدِ اضْطُرِرْتُ لِمُوَاجَهَةِ قَنَادِيلِ الْبَحْرِ وَمَخْلُوقَاتٍ بَحْرِيَّةٍ غَرِيبَةٍ أُخْرَى. وَقَدْ كَانَ عَلَيَّ أَنْ آكُلَ أَشْيَاءَ تَطْفُو بِالْقُرْبِ مِنِّي لِلْحِفَاظِ عَلَى طَاقَتِي."

شَانْتْ مِيلَرْ وَايِتْ، الرَّاكِبَةُ الَّتِي كَانَتْ عَلَى مَتْنِ السَّفِينَةِ مَعَ زَوْجِهَا وَأَفْرَادِ أُسْرَتِهَا، قَالَتْ: "عِنْدَمَا اكْتَشَفْنَا أَنَّ أَحَدَنَا قَدْ سَقَطَ فِي الْبَحْرِ، شَعَرْنَا عَلَى الْفَوْرِ بِالتَّوَتُّرِ الشَّدِيدِ وَالْخَوْفِ، وَلَمْ نَكُنْ نَعْرِفُ مَا الَّذِي سَيَحْدُثُ لِأَنَّهُ لَمْ يَكُنْ لَدَيْنَا خِدْمَةٌ خَلَوِيَّةٌ بِسَبَبِ الْبُعْدِ."

نَقَلَ خَفَرُ السَّوَاحِلِ السَّيِّدَ غْرَايِمْزْ إِلَى مُسْتَشْفًى فِي نِيُو أُورْلِينْزْ حَيْثُ تَمَّ عِلَاجُهُ مِنَ انْخِفَاضِ حَرَارَةِ الْجِسْمِ وَالْعَطَشِ وَخَرَجَ مِنَ الْمُسْتَشْفَى بِعَافِيَةٍ لِيُقَابِلَ عَائِلَتَهُ وَأَصْدِقَاءَهُ الَّذِينَ شَعَرُوا بِالِارْتِيَاحِ لِنَجَاتِهِ.

A good **newspaper report** should contain the following features. Tick (✓) the ones that have been used.

a a short **headline** (عُنْوَان) that captures the reader's attention ☐
b an **introduction** that tells **who** (مَنْ), **what** (مَاذَا), **when** (مَتَى), and **where** (أَيْنَ) ☐
c a **retelling** (سَرْدٌ) of the events ☐
d **quotes** (شَوَاهِد) or **statements** from witnesses or people involved ☐
e **interesting information** and **detail** (تَفَاصِيل) about people and events ☐
f sentences that have the **correct spelling** and **punctuation** ☐
g a **final paragraph** (فقرة اختتامية) that wraps up the report ☐

This is the final draft. Read the comments about the newspaper report on the right.

**أكل الخيزران وواجه مخلوقات غريبة.. رجل ينجو من الموت بأعجوبة** ← عنوان الخبر: يجذب الانتباه وفيه لمحة على ما حدث ومكتوب بخط عريض

قَالَ جِيمْس مِيشِيلْ غِرَايِمْزْ، السَّائِحُ الْأَنْجِلِيزِيُّ، فِي مُقَابَلَةٍ حَصْرِيَّةٍ مَعَ بَرْنَامَجِ " غُودْ مُورْنِينْغْ أَمِيرِكَا" أَنَّهُ نَجَا مِنَ الْغَرَقِ بِأُعْجُوبَةٍ.

فِي حَادِثَةٍ غَرِيبَةٍ، سَقَطَ الْأَنْجِلِيزِيُّ "جِيمْس مِيشِيلْ غِرَايِمْزْ" وَالْبَالِغُ مِنَ الْعُمْرِ 28 سَنَةً مِنْ سَفِينَةٍ سِيَاحِيَّةٍ بِخَلِيجِ الْمَكْسِيكِ لَيْلًا، لِيَنْجُوَ بِشَكْلٍ مُذْهِلٍ بَعْدَ قَضَائِهِ 20 سَاعَةً مُتَوَاصِلَةً فِي الْمِيَاهِ. ← مقدّمة الخبر: تعطي فكرة عن مَن وماذا وَ متى وَأين

لَمْ يَكُنْ لَدَى السَّيِّدِ غِرَايِمْزْ مَا يَأْكُلُهُ أَوْ يَشْرَبُهُ طَوَالَ فَتْرَةِ وُجُودِهِ فِي الْمَاءِ. لِهَذَا السَّبَبِ عِنْدَمَا طَافَتْ عَصَا خَيْزُرَانٍ بِجَانِبِهِ، أَخَذَهَا وَأَخَذَ يَمْضُغُهَا. عَلَى الرَّغْمِ مِنْ أَنَّهُ لَيْسَ لَدَيْهِ أَيُّ فِكْرَةٍ عَمَّا إِذَا كَانَتْ تُوَفِّرُ أَيَّ قِيمَةٍ غِذَائِيَّةٍ، إِلَّا أَنَّهُ فَكَّرَ أَنَّهَا عَلَى الْأَقَلِّ تُوَفِّرُ الرَّاحَةَ لِتَذَوُّقِ شَيْءٍ آخَرَ غَيْرِ الْمَاءِ الْمَالِحِ. ← رواية الأحداث: استخدام زمن الماضي لرواية أحداث سابقة

قَالَ جِيمْس: "لَقَدْ اضْطُرِرْتُ لِمُوَاجَهَةِ قَنَادِيلِ الْبَحْرِ وَمَخْلُوقَاتٍ بَحْرِيَّةٍ غَرِيبَةٍ أُخْرَى. وَقَدْ كَانَ عَلَيَّ أَنْ آكُلَ أَشْيَاءَ تَطْفُو بِالْقُرْبِ مِنِّي لِلْحِفَاظِ عَلَى طَاقَتِي." ← تصريحات المعني بالأمر: استخدام الخطاب المباشر

"شَانْتْ مِيلَرْ وَايت"، الرَّاكِبَةُ الَّتِي كَانَتْ عَلَى مَتْنِ السَّفِينَةِ مَعَ زَوْجِهَا وَأَفْرَادِ أُسْرَتِهَا، قَالَتْ: "عِنْدَمَا اكْتَشَفْنَا أَنَّ أَحَدَنَا قَدْ سَقَطَ فِي الْبَحْرِ، شَعَرْنَا عَلَى الْفَوْرِ بِالتَّوَتُّرِ الشَّدِيدِ وَالْخَوْفِ، وَلَمْ نَكُنْ نَعْرِفُ مَا الَّذِي سَيَحْدُثُ لِأَنَّهُ لَمْ يَكُنْ لَدَيْنَا خِدْمَةٌ خَلَوِيَّةٌ بِسَبَبِ الْبُعْدِ." ← استشهادات وتصريحات شهود العيان. استخدام الخطاب المباشر وعلامتي التنصيص

نَقَلَ خَفَرُ السَّوَاحِلِ السَّيِّدُ غِرَايِمْزْ إِلَى مُسْتَشْفًى فِي نِيُو أُورْلِينْزْ حَيْثُ تَمَّ عِلَاجُهُ مِنَ انْخِفَاضِ حَرَارَةِ الْجِسْمِ وَالْعَطَشِ وَخَرَجَ مِنَ الْمُسْتَشْفَى بِعَافِيَةٍ لِيُقَابِلَ عَائِلَتَهُ وَأَصْدِقَائَهُ الَّذِينَ شَعَرُوا بِالِارْتِيَاحِ لِنَجَاتِهِ. ← خاتمة الخبر: انهاء الخبر

**Task 9:** Read the information below and then use it to write your draft of a newspaper report.

| | |
|---|---|
| عنوان الخبر | تسعيني ينجو من الموت بأعجوبة بعدما ظل مدفوناً في الطين ليومين |
| مَن | توم كيلن- مزارع أستر الي- يبلغ من العمر 95 عاماً |
| ماذا | دُفِنَ في الوحل بالقرب من السد |
| المكان | شمال استراليا |
| الزمان | يومان |
| ماذا حدث من بعد | ذهب صديقه للبحث عن السيد كيلين بعد أن فشل في التواصل معه على الهاتف لبضعة أيام ووجده في وقت مبكر من الصباح على بعد أمتار قليلة من جراره المقلوب، وهو مدفون تحت الطين<br>وصل المسعفون إلى مكان الحادث في حوالي الساعة السابعة صباحاً وبدأوا في علاج السيد كيلن من انخفاض حرارة الجسم والجفاف والإصابات الطفيفة |
| مزيد من المعلومات حول الشخص | قويّ العزيمة ومحظوظ أن ذهب صديقه للبحث عنه |
| ما قاله الناس | صديقه: " وجدته مدفونا في الطين قرب جرّاره وقد ظننت أنه فارق الحياة ولكنه ردّ عليّ عندما ناديت اسمه. كانت صدمة لي أن أراه في تلك الحالة." |
| معلومات للفقرة الأخيرة | يتلقى السيد كيلين العلاج في مستشفى صن شاين كوست الجامعي حيث لا يزال في حالة خطيرة ولكنها مستقرة |

# Writing a recount

## Your turn

Follow the template below to structure your draft and add your information. Ensure that the report reads well and cohesive:

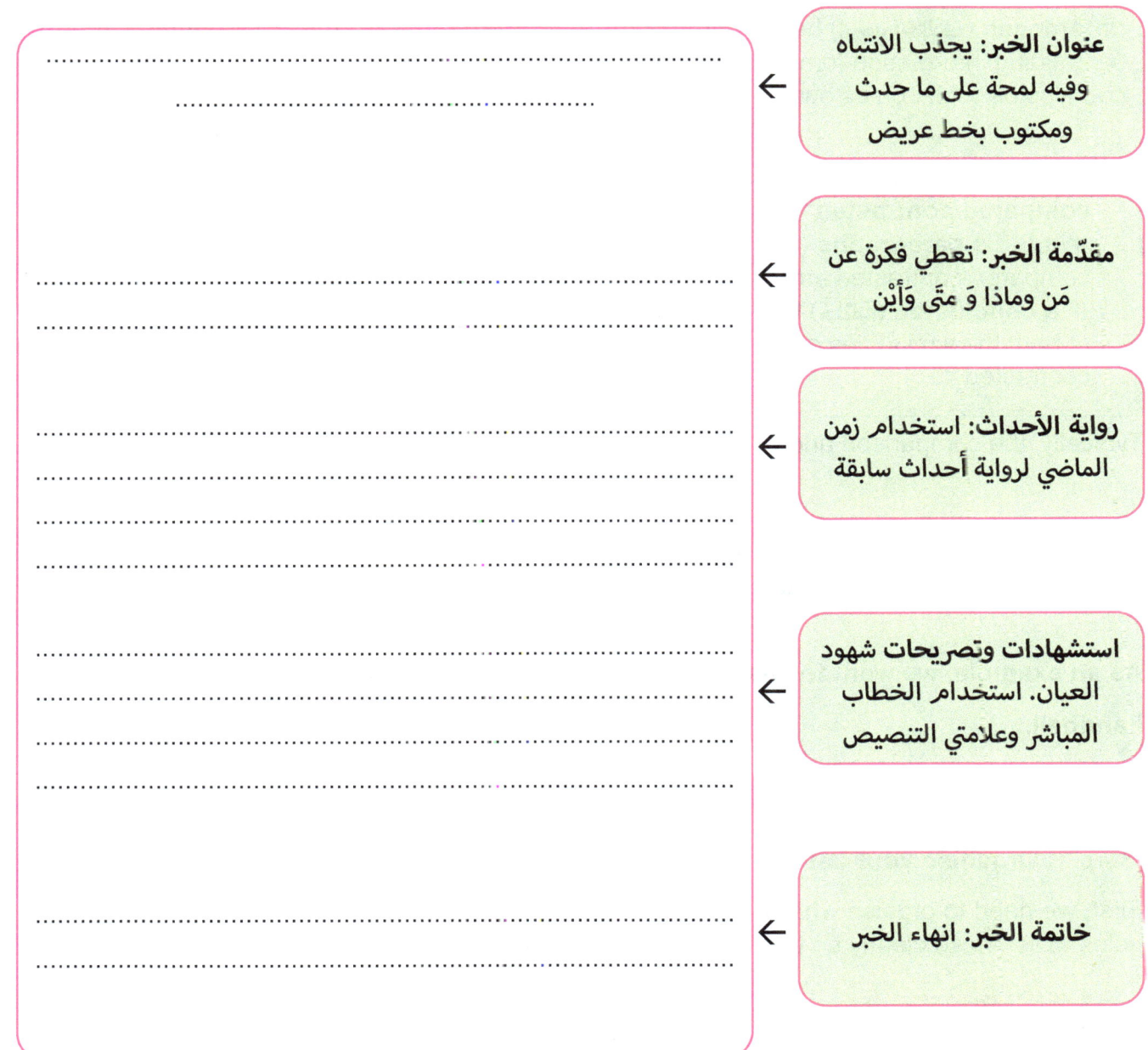

**Task 10:** Turn a news story that you have seen on television into a newspaper report or write a report for the newsletter about something that happened at school. You could write about an excursion you went on, a special event that was held at the school or anything else that you found interesting. Remember to write it like a newspaper report.

# The Arabic Companion's Guide To Writing

## 3 — Compare & Contrast Texts كتابة مقالة المقارنة

Texts that **compare** (مقارنة) and **contrast** (تباين) look at the **similarities** (أوجه تشابه) and **differences** (أوجه اختلاف) between people, places, things or situations. Comparing and contrasting information forms a part of texts such as discussions and debates. However, it can also be a text on its own. A text that **compares** and **contrasts** should have:

* an **opening paragraph** (مقدمة) that briefly states **who** (مَن) or **what** (ماذا) is being **compared/contrasted**.
* **middle paragraphs** (عرض المقارنة) that show **how** (كيف) the people or things being compared/contrasted are **alike** and **different** (أوجه التشابه والاختلاف).
* a **conclusion** (خاتمة) that **sums up** (تلخيص) the information in the text by looking at both the similarities and differences between the people or things being compared/contrasted.

Typically, the comparison and contrast questions include the following expressions:

* ما الذي يميز..... عن .....؟  *  ما الفرق بين .... و.......؟
* ما العلاقة بين......و ......؟  *  ما هي أوجه التشابه بين ... و ...؟

As an example, we want to analyse the similarities and differences between football and handball.

### Step-by-step plan

**Step 1: Organise your list of differences and similarities**

First, we need to orgaise what we know of these two sports; their similarities and differences. It helps to list these clearly so that we can use the information effectively.

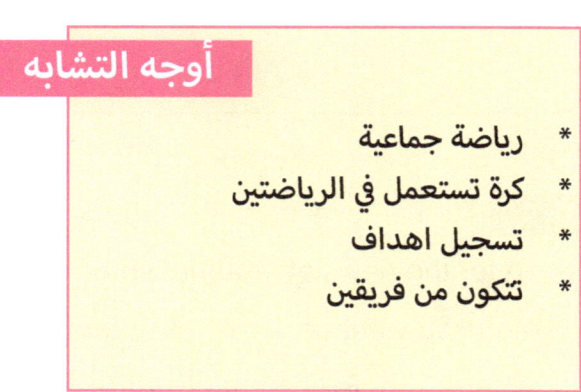

أوجه التشابه
* رياضة جماعية
* كرة تستعمل في الرياضتين
* تسجيل اهداف
* تتكون من فريقين

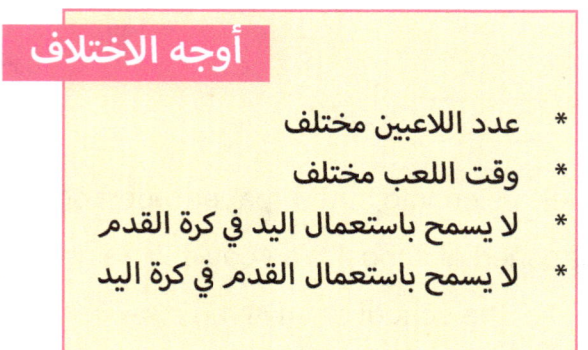

أوجه الاختلاف
* عدد اللاعبين مختلف
* وقت اللعب مختلف
* لا يسمح باستعمال اليد في كرة القدم
* لا يسمح باستعمال القدم في كرة اليد

# Compare & Contrast

**Step 2: Use connectives that show similarity and difference**

**Connectives** (عبارات الربط) are words and phrases that **link ideas**.
For example:

يعيش أيمن في الرباط، عاصمة المغرب. بينما يعيش سمير في المنستير بتونس.

Using connectives to link ideas makes your writing flow better.

Examples of connectives for similarities:

| | | | |
|---|---|---|---|
| * بالإضافة إلى ذلك، | * و في نفس الإتجاه، | * و في نفس السياق، | |
| * زيادة على ذلك، | * على غرار ماسبق، | * تكملة إلى هذا، | |
| | * تبعا لما سبق ذكره، | * وعلى نفس المنوال، | |
| | * زد على ذلك، | * ضف إلى ذلك، | |

**Task 1:** Use the above information to complete the following paragraph.

بينما يوجد اختلاف بين كرة اليد وكرة القدم، هناك أيضًا تشابه. إنهما متشابهتان لأنهما رياضتان جماعيتان. _____، فإنهما تستخدمان كرة كوسيلة اللعب. _____، عدد الأهداف هو أهم شيئ في المقابلة.

Examples of connectives for differences:

| | | | |
|---|---|---|---|
| * بينما | * هذا من جهة ومن جهة أخرى، | * على خلاف ماسبق، | |
| * وعلى عكس ذلك، | * أمّا | * ولكن | |
| | | * و من ناحية أخرى، | |

When moving to the contrast points, go to a new line and mention the differences by starting with any of the following two beginnings, as an example:

Example:

إلا أنَّ هذه النقاط التي تجمع وتوحّد بين كرة اليد وكرة القدم، لا يعني عدم وجود أوجه إختلاف بينهما، من ذلك، أن _____ أما _____

Or:

وعلى خلاف ذلك تماما، هناك أوجه اختلاف كثيرة بين كرة اليد وكرة القدم، منها _____. أما _____ ...

# The Arabic Companion's Guide To Writing

**Task 2:** Use the above information to complete the following paragraph.

_____، هناك أوجه اختلاف كثيرة بين كرة اليد وكرة القدم، منها اختلاف عدد اللّاعبين.

_____ هناك سبعة لاعبين في كرة اليد فإن كرة القدم تشمل أحد عشرة لاعبا. زمن مباراة كرة القدم تسعون دقيقة، _____ زمن مباراة كرة اليد ستون دقيقة فقط.

### Step 3: Wrap up your comparison with a good conclusion

> The **conclusion** (الخاتمة) is the final paragraph of a text. It should wrap up the text in some way. In a text that **compares** and **contrasts**, the conclusion should **sum up** (تختصر) the information by looking at both the similarities and differences between the people or things being written about.

The comparison should include a summing up of the similarities and differences between handball and football.

A good concluding sentence includes the following phrases:

| | |
|---|---|
| كما يُوضّح النص | تُبيِّن المقارنة أن |
| توجد اختلافات | هناك أوجه تشابه |
| تجمع بينهما | وفي الختام |

**Task 3:** Which of the following texts best sums up the comparison between football and handball?

☐ أ- كرة القدم وكرة اليد هما لعبتان مختلفتان ومن الواضح أن لهما قواعد وإعدادات مختلفة. ومع ذلك، كما يوضح النص، بينما توجد اختلافات، هناك أيضًا أوجه تشابه تجمع بينهما في عديد المجالات مثل استراتيجيات اللعبة وأهدافها الرياضية.

☐ ب- كرة القدم وكرة اليد لعبتان مختلفتان، وهذا هو سبب اختلافهما ولكن هناك أيضًا تشابها.

# Compare & Contrast

**Step 4: Writing the first draft**

This is the first draft. Read what has been written and then answer the questions.

كرة القدم وكرة اليد

كرة القدم وكرة اليد هما لعبتان مختلفتان جدا. هناك بعض أوجه التشابه أيضا.

كرة القدم تتكون من أحد عشر لاعبا. كرة اليد تتكون من سبعة لاعبين. يسمح للاعبي كرة اليد أن يستعملوا اليد في اللعبة. في كرة القدم لا يسمح للاعبين باستعمال اليد باستثناء حارس المرمى. هناك اختلاف بين مدة اللعبتين. تدوم مدة مباراة كرة اليد ساعة واحدة. مباراة كرة القدم تدوم ساعة ونصف.

هناك أيضا أوجه تشابه بين اللعبتين. كرة القدم تعتمد على تسجيل الأهداف للفوز. كرة اليد تعتمد على تسجيل الأهداف أيضا. اللعبتان رياضتان جماعيتان تعتمدان على فريق في كل جانب من الملعب.

في الختام، كرة القدم وكرة اليد لعبتان مختلفتان، وهذا هو سبب اختلافهما ولكن هناك أيضًا تشابه.

**Task 4:** A text that compares and contrasts should contain the following features. Tick (✓) the ones used in the draft.

a an **opening paragraph** that briefly states who or what is being compared/contrasted ☐
b middle **paragraphs** that show how the subjects are alike or different ☐
c mainly present-tense verbs ☐
d words and **phrases** that express **comparison** and **contrast** (e.g. و من ناحية أخرى،, وعلى نفس المنوال،) ☐
e correct spelling and punctuation ☐
f a **conclusion** that sums up the information in the text by looking at both the similarities and differences between the subjects being compared/contrasted ☐

**Step 5: Improving the first draft**

Let's improve the first draft. Let's start with a good introduction (مقدمة).

كرة القدم وكرة اليد هما لعبتان مختلفتان جدا. هناك بعض أوجه التشابه أيضا.

↓

تعتبر لعبة **كرة اليد** ولعبة **كرة القدم** من أشهر وأبرز البطولات الرياضية الجماعية في العالم، حيث تتمتع اللعبتان بشعبية كبيرة بين الناس، كما يوجد العديد من **أوجه الشبه والاختلاف** بين كرة القدم وكرة اليد، وفي هذه المقالة سيتم التعرف عليها.

Now, let's add connectives (عبارات الربط).

**Task 5: Use connectives that show similarity and difference.**

**لنبدأ بأوجه الاختلاف.** كرة القدم تتكون من أحد عشر لاعب. ________________ كرة اليد تتكون من سبعة لاعبين. يسمح للاعبي كرة اليد أن يستعملوا اليد في اللعبة ________________ في كرة القدم لا يسمح للاعبين باستعمال اليد باستثناء حارس المرمى. ________________ هناك اختلاف بين مدة اللعبتين: تدوم مدة مباراة كرة اليد ساعة واحدة ________________ مباراة كرة القدم تدوم ساعة ونصف.

**هناك أيضا أوجه تشابه بين اللعبتين.** كرة القدم تعتمد على تسجيل الأهداف للفوز. ________________ كرة اليد تعتمد على تسجيل الأهداف أيضا. ________________، اللعبتان رياضتان جماعيتان تعتمدان على فريق في كل جانب من الملعب.

Now, let's improve the conclusion (الخاتمة).

في الختام، كرة القدم وكرة اليد لعبتان مختلفتان، وهذا هو سبب اختلافهما ولكن هناك أيضًا تشابه.

↓

كرة القدم وكرة اليد هما لعبتان مختلفتان ومن الواضح أن لهما قواعد وطرق لعب مختلفة. ومع ذلك، كما يوضح النص، بينما توجد اختلافات، هناك أيضًا أوجه تشابه تجمع بينهما في عديد المجالات مثل أركان اللعبة وأهدافهما الرياضية.

## Your turn

**Task 6: Re-write the text and try to improve it by adding details that have not been mentioned and link the sentences and ideas with connectives.**

# Compare & Contrast

**Task 7: Write a text of one to two pages on one of the following. Use your own paper for this activity.**

Compare and contrast one of the following:

- ✶ الكتب والصحف
- ✶ الخشب والبلاستيك
- ✶ الأصدقاء والأقارب
- ✶ الحياة في المدينة والحياة في الريف
- ✶ الحافلات والقطارات
- ✶ القبعات والمظلات

Here's some information to help you out with one of the comparisons:

نموذج المقدمة:

تختلف طريقة الحياة عندما يعيش الناس في الأماكن المختلفة في العالم، إذ إنّ أسلوب الحياة يتأثر كثيرًا بالمجتمع والبيئة المحيطة به. وتوجد فروقات وتشابهات عديدة في الحياة بين الريف والمدينة، ولكلٍ منها إيجابياتها وسلبياتها، وهذا ما سنتحدث عنه في هذا المقال.

نموذج تخطيط المقارنة:

| أوجه التشابه | أوجه الاختلاف |
|---|---|
| ✶ مكان يُفَضّله ناس مُعيَّنون | ✶ الصحة والتعليم متوَفّران في المدينة |
| ✶ مكان يوفّر حياة خاصة لمن يريدها | ✶ الطبيعة والمحيط في الريف أحسن |
| ✶ يُوفِّر للعائلة ما تحتاجه حسب طموحاتها | ✶ السكان والمواصلات أكثر في المدينة |

نموذج الخاتمة:

هناك فرق كبير بين الريف والمدينة. الريف هي منطقة ريفية توفر لك الهدوء والسكينة بينما المدينة هي منطقة متطورة بها عدد كبير من السكان والعديد من المرافق الحديثة. من الصعب الاختيار بين الريف والمدينة لأن لكل منهما مزايا وعيوب.

# The Arabic Companion's Guide To Writing

## 4 — Biographies كتابة السيرة الغيرية

A **biography** (سيرة غيرية) is the story of a real person's life, written by someone else. If someone writes his or her own life story, it is called an **autobiography** (سيرة ذاتية). Biographies and autobiographies are both a type of **recount** (السرد- رواية أحداث).

السيرة الذاتية: هي أن يسترجع السارد أحداثا من حياته الخاصة ويتحدث عن حياته الواقعية.

السيرة الغيرية: هي أن يتحدث السارد عن حياة شخص آخر ملتزما الحياد والموضوعية (objectivity) فيما يكتب.

Like all recounts, a **biography** should have:

* an **introduction** that answers the questions **who**, **what**, **where** and **when**.
* **paragraphs** that give a **chronological** (زمني) account of **events** in the person's life.
* a **conclusion** that wraps up the biography with a **comment** (تعليق) on the contribution the person has made, or that **summarises** or **evaluates** (تقييم) the person's achievements.

### Preparing for the biography writing — خطوات كتابة سيرة غيرية

أ- اختيار الشخصية

يستحسن اختيار شخصية مشهورة في وسطها أو مجالها

ب- جمع المعلومات

نبحث عن جميع المعلومات المتعلقة بالشخصية

ج- ترتيب المعلومات

في هذه المرحلة نقوم بترتيب ما جمعناه من معلومات على الشكل التالي:

- معلومات تتعلق بالولادة و النشأة
- معلومات تتعلق بأوصاف الشخصية
- معلومات تتعلق بأعمال وإنجازات الشخصية
- معلومات تتعلق بمصير الشخصية

د- صياغة الاحداث مع تحري الدقة والموضوعية

**a- Choosing a person**
It is advisable to choose a famous personality in their environment or their field

**b- Gathering information**

**c- Arranging the information**
At this stage, we arrange the information we have gathered as follows:
- birth and upbringing
- personal description
- person's work and achievements
- the fate of the person

**d- Drafting events with accuracy and objectivity**

# Biographies

A good biography should contain the following features:

**a** an **opening paragraph** that gives the reader some background information on the person and briefly answers the questions **who**, **what**, **where** and **when**

**b** **paragraphs** that give an account of **events** in the person's life, usually in **chronological order**

**c** mainly **past-tense** verbs (e.g. وُلِدَ، كَانَ)

**d** **time connectives** that link events (e.g. في بعد ذلك، عمل بعدها)

**e** **evaluative language** (e.g. كبير الأهمية، رائعا)

**f** correct spelling and punctuation

**g** a **conclusion** that wraps up the biography with a **comment** on the contribution the person has made

**Task 1:** The text below is the first paragraph of an autobiography. Rewrite it so that you are the one telling the story of Ayman's life, and then change whatever needs changing.

> وُلِدْتُ في بلدة ريفية صغيرة في 1 يناير 2000. أطلق علي والداي اسم أيمن لأنها تعني "ذو البركة" باللغة العربية. اختاروا هذا الاسم لعدة أسباب: كنت أول طفل لهم. كانوا قد بدأوا حياتهم الزوجية والمهنية بنجاح؛ وقد جئت إلى العالم في اليوم الأول من الألفية الجديدة. لذلك كان اسمي يرمز إلى عدد من البدايات الجديدة والمباركة بالنسبة لهم.

..................................................................................
..................................................................................
..................................................................................
..................................................................................

**Task 2:** Use the information below to write the first paragraph of a biography of Bill Gates, the co-founder of Microsoft.

> الاسم الكامل: ويليام هنري جيتس
> تاريخ الميلاد: 28 أكتوبر 1955
> مكان الميلاد: سياتل، الولايات المتحدة الأمريكية
> معلومات عائلية: ابن ويليام وماري جيتس - واحد من ثلاثة أطفال - لديه أخت أكبر منه وأخرى أصغر

# The Arabic Companion's Guide To Writing

## Step-by-step plan

Once all the information about the person has been gathered and arranged, it is time to link the piece together well.

### Step 1: Use a suitable title

The title should link directly with the topic of the biography. Typically, it states the name of the person and may be followed by a very brief phrase that has a tight association with the person.

Example: ابن بطوطة، أمير الرحالين - ابن الهيثم، أبو البصريات

### Step 2: Use a suitable opening paragraph

An **opening paragraph** that gives the reader some background information on the person and briefly answers the questions **who**, **what**, **where** and **when**.

توفيق الحكيم هو كاتبٌ وأديب مصري وأحد رواد المسرحية والرواية العربية في العصر الحديث والعالم العربي.
    Where        When                                What        Who

### Step 3: Include relevant information in the body of the biography

The biography should have the following basics:

**1- Use the third-person (ضمير الغائب) and past tense verbs (صيغة الماضي)**

Example:

أظهر منذ صغره حبًّا وولعًا بالآداب، حيث بدأ بارتياد المسارح وحضور العروض للممثلين الشهيرين من أمثال جورج أبيض. كتب عدة مسرحياتٍ قصيرة بينما كان يتابع تعليمه الثانوي وقام أصدقاؤه بتأديتها.

**Task 3:** The text below is in the present tense. Turn the text into the past tense and change what needs changing.

و(يشجّعه) _____ صديق والده السياسي الشهير أحمد لطفي السيّد على دراسة الحقوق في فرنسا والحصول على درجة الدكتوراه من جامعة السوربون. لكنّه (يعمل) _____ في (هذه) _____ الفترة على تحضير نفسه ليعمل في مجال المسرح، وبالرغم من أنّه (لا يدرس) _____ في كلية مسرحية رسمية، إلّا أنّه (يقضي) _____ الكثير من الوقت في المطالعة. فقد (يقرأ) _____ المسرحيات و(يحضر) _____ العروض المختلفة.

**2- Use factual information (حقائق مُؤكَّدة عن الشخصية)**

The biography should include facts without exaggeration or subjective information or personal opinion.

## 3- Use chronological order (التسلسل الزمني)

The biography should include **paragraphs** that give an account of **events** in the person's life, usually in **chronological order**.

### Step 4: Use time connectives to link events

**Time connectives** (أدوات الربط الزمنية: ظروف زمان) are words and phrases that show the sequence of events.

For example: أوّلا، بعد ذلك.

Using time connectives to **link events** (ربط الأحداث) makes your writing flow.

Some dates are used in a biography, but they should be used to link events.

**Task 4: Link the events in the following paragraphs with the phrases from the box.**

| | | | | |
|---|---|---|---|---|
| لاحقًا | بعد ذلك | بعدها | عند | ثم |

**توفيق الحكيم**

يُعد توفيق الحكيم أحد رواد الأدب العربي الحديث، وكافح ليجعل من الأدب العربي أدبًا معاصرًا يُعنى بالحياة الاجتماعية والسياسية.

قضّى الحكيم فترة ثلاث سنوات من حياته في باريس، ________________ حصل على شهادة الحقوق في عام 1925.

عمل ________________ عودته إلى مصر نائبًا للمدعي العام، وانتقل ________________ بين مختلف الأقاليم المصرية في الفترة الممتدة بين 1928 و1934، واستمد إلهامه لروايته الشهيرة "يوميات نائب في الأرياف" التي نُشرت في عام 1937 من هذه التجربة.

عمل ________________ في وزارة الشؤون الاجتماعية ووزارة التعليم بين عامي 1939 و1943، لكنّه ترك العمل الحكومي ________________ ليُكرّس نفسه للكتابة.

There are numerous cohesive devices in Arabic to express the time relationship between sentences. The following are examples:

قبل + أن+ مضارع: تَخَرَّج من مدرسة عسكريّة قبل أن يَلتَحق بالجيش.

قبل + مصدر: قبل اِلتحاقه بالجيش تَخَرَّج الضابط من المدرسة العسكرية.

The use of قبل indicates that there are two actions; one is accomplished before the beginning of the other. قبل can either be followed by أن + مضارع , or by a gerund مصدر

# The Arabic Companion's Guide To Writing

**في نفس الوقت - في غضون ذلك:** أكّد الرئيس على استمرار المفاوضات وفي نفس الوقت لمَّح إلى إمكانية استخدام القوة في حال فشل المفاوضات.

Used to indicate simultaneous time sequence.

**حينما - لمّا - عندما:** عثرت على هذا الكتاب المفيد حينما زرت المكتبة في لندن.

لما دخل الأب خرج الأولاد.

دخل التلاميذ إلى الصف عندما دق الجرس.

**Task 5:** Connect the following phrases using the appropriate temporal conjunction from the box below.

| وفي هذه اللحظة | ثُمَّ | بعد | بينما | قبل أن |

1. كنت أدرس في المكتبة _____ كان أخي ينظف الغرفة.
2. مررت بهما يتخاصمان _____ قرّرت التدخّل للإصلاح بينهما.
3. ودّع عائلته _____ يسافر إلى الخارج.
4. سأتصل بك _____ وصُولي إلى بريطانيا.
5. حصول على شهادة الدكتوراه _____ حصل على وظيفة جيدة.

## Step 5: Use evaluative language to express opinions and judgements

**Evaluative language** (اللغة التقييمية) is language that expresses feelings, opinions, judgements and points of view. It can be **positive** or **negative**.

For example: كان توفيق الحكيم روائيا ناجحا. (positive evaluation using an adjective)

غالبًا ما تجادل الرئيس مع وُزرائه. (negative evaluation using a verb)

كان في كثير من الأحيان في مزاج سيء. (negative evaluation using an adverb of frequency)

Using **evaluative language** in a **biography** helps you paint a picture of the person's

**strengths** and **weaknesses** (نقاط القوة والضعف).

**Task 6: State whether the following sentences express a positive or a negative evaluation.**

1. وبالرغم من كل هذا كاتبًا محبوبًا وشخصيةً مرموقةً في العالم العربي تركت تأثيرها في الدراما العربية.
2. حصل في عام 1958 على قلادة الجمهورية من الرئيس جمال عبد الناصر لمساهماته المختلفة وخاصةً عن عمله المميز.
3. لكنّ أثار كل هذا التكريم الذي حصل عليه من الدولة جدلًا واسعًا عندما راجع مواقفه المتعلقة بفترة حكم جمال عبد الناصر.
4. غالبا ما أثارت كتاباته جدلا كبيرا في الأوساط الثقافية.

### Step 6: Wrap up your biography with a good conclusion

A **conclusion** that wraps up the biography with a **comment** on the contribution the person has made.

### Step 7: The final draft

This is the final draft. Read the comments about the biography on the right.

| | | |
|---|---|---|
| **توفيق الحكيم ، رائد المسرح الذهني العربي** | ← | العنوان: يرتبط بشكل مباشر بالموضوع |
| يُعد توفيق الحكيم المولود في 9 أكتوبر 1898م أحد رواد الأدب العربي الحديث، وكافح ليجعل من الأدب العربي أدبًا معاصرًا يُعنى بالحياة الاجتماعية والسياسية. | ← | المقدّمة: تبدأ بجملة أو عبارة تمهد للموضوع من خلال التعريف بالشخصية |
| قضى الحكيم فترة ثلاث سنوات من حياته في باريس، ثم حصل على شهادة الحقوق في عام 1925. عمل عند عودته إلى مصر نائبًا للمدعي العام، وانتقل بعد ذلك بين مختلف الأقاليم المصرية في الفترة الممتدة بين 1928 و1934، واستمد إلهامه لروايته الشهيرة "يوميات نائب في الأرياف" التي نُشرت في عام 1937 من هذه التجربة. | ← | تسلسل الأحداث: استخدام زمن الماضي وصيغة الغائب |
| عمل بعدها في وزارة الشؤون الاجتماعية ووزارة التعليم بين عامي 1939 و1943، لكنّه ترك العمل الحكومي لاحقًا ليكرس نفسه للكتابة. | ← | استخدام ظروف الربط الزمنية |

(Continued on next page)

# The Arabic Companion's Guide To Writing

بالرغم من ميول الحكيم الليبرالية ووطنيته، فقد حرص على استقلاله الفكري والفني فلما قامت ثورة يوليو 1952 ارتبط بها وأيدها، ولكن في الوقت نفسه كان ناقدًا للجانب الديكتاتوري غير الديمقراطي الذي اتسمت به الثورة منذ بداياتها. كما تبنى الحكيم عددًا من القضايا القومية والاجتماعية وحرص على تأكيدها في كتاباته، فقد عني ببناء الشخصية القومية، واهتم بتنمية الشعور الوطني ونشر العدل الاجتماعي وترسيخ الديمقراطية وتأكيد مبدأ الحرية والمساواة. ← استخدام حقائق مؤكدة عن الشخصية

وتُعتبر رواية الحكيم بعنوان "عودة الروح" كلاسيكية خالدة حيث تنبأت بثورة الزعيم المصري جمال عبد الناصر. واعتُبرت الرواية التالية للحكيم "عودة الوعي" رفضا واضحا للحركة الناصرية. ← استخدام اللغة التقييمية: ايجابية

أثارت هذه الرواية جدلًا كبيرًا عندما نُشرت لأول مرة في مصر والعالم العربي الأجمع. ← استخدام اللغة التقييمية: سلبية

توفي توفيق الحكيم في 27 من يوليو 1987م عن عمر بلغ تسعين عاما، وترك تراثا أدبيا رفيعا وثروة هائلة من الكتب والمسرحيات التي بلغت نحو 100 مسرحية و62 كتابا. وقد امتد تأثيره لأجيال كثيرة متعاقبة من الأدباء والمبدعين، وهو أيضا رائد للمسرح الذهني ومؤسس هذا الفن المسرحي الجديد؛ وهو ما جعله يُعد واحدا من المؤسسين الحقيقين لفن الكتابة المسرحية، ليس على مستوى الوطن العربي فحسب وإنما أيضا على المستوى العالمي. ← خاتمة : تلخص أو تقيم إنجازات الشخص.

## Your turn

**Task 7:** Write a biography of one to two pages on one of the following people. Use your own paper for this activity. Make sure your biography includes:

a an **opening paragraph** that gives the reader some background information on the person and briefly answers the questions **who**, **what**, **where** and **when**

b **paragraphs** that give an account of **events** in the person's life, usually in **chronological order**

c mainly **past-tense** verbs (e.g. وُلِدَ, كَانَ)

d **time connectives** that link events (e.g. بعد ذلك، عمل بعدها في)

e **evaluative language** (e.g. كبير الأهمية، رائعا)

f correct spelling and punctuation

g a **conclusion** that wraps up the biography with a **comment** on the contribution the person has made

# Biographies

1 Research the life of someone you admire and then write his or her biography.
2 Research the life of one of the following famous Arabs and then write his or her biography:

زها حديد (مهندسة معمارية)

نزار قباني (شاعر)

عمر بن المختار (أحد أشهر المقاومين العرب والمسلمين)

3 From the information given below, write a biography of the person:

الاسم الكامل: ستيفن باول جوبز
تاريخ الميلاد: 24 فبراير 1955
مكان الولادة: الولايات المتحدة الأمريكية سان فرانسيسكو
تاريخ الوفاة: 5 أكتوبر 2011
الوظائف: رجل أعمال، مخترع

- المؤسس المشارك لشركة آبل للحواسيب
- أطلق بعدها ستديوهات بيكسار للرسوم المتحركة
- يعود الفضل إلى وزنياك وجوبز في الثورة الحاصلة في عالم صناعة الحواسيب عبر تعميم التكنولوجيا وصناعة آلات أصغر حجمًا وأقل تكلفة وبديهية وفي متناول المستهلكين اليوميين
- في عام 1984، أطلقت آبل ماكنتوش، فسوقت هذا الحاسوب على أنه قطعة تتماشى ونمط حياة عصرية: فهو جميل المظهر والأداء وابن يومه
- نظرًا لإيمانه بقدرة بيكسار، استثمر جوبز بشكلٍ مبدئي 50 مليون دولار من ماله الخاص في الشركة. واستمر الاستديو في إنتاج أفلام واسعة الانتشار مثل Toy Story و Finding Nemo و The Incredibles، وقد أحرزت أفلام بيكسار إجمالي 4 مليارات دولار.
- اكتشف جوبز عام 2003 إصابته بورم النهايات العصبية للغدد الصم، وهو شكل نادر من سرطان البنكرياس

# The Arabic Companion's Guide To Writing

## 5 — Expositions النص الإقناعي

An **exposition** (نص أقناعي) is a text that expresses a particular **position** (موقف) or **point of view** (وجهة نظر) and gives evidence to support it. Its main purpose is to **persuade** (إقناع) people that this particular point of view is the correct one.

We can persuade others to believe or do something during a normal conversation. However, we also make speeches and write letters, emails, editorials and blogs to try to persuade others to our point of view.

Expositions should have:

* an **introduction** that states the writer's main **opinion** or **point of view**.
* **arguments** (الحُجَج) that give **reasons** for the point of view.
* **evidence** (أدلة) to **support** the **arguments**.
* a **conclusion** that **repeats** the **main opinion** and **refers back** briefly to the **arguments**.

In terms of linguistic devices, the following techniques may be used:

النصوص الإقناعية توظف تقنيات ووسائل عديدة للتأثير في القارئ ومن ذلك:

أ - التشبيهات (similes) والصور المعبرة.

ب - الترادف (synonymy) والجناس (alliteration) والسجع (assonance) والطباق.

ج - الإشارات الرمزية (symbolism).

د - الأساليب اللغوية المتنوعة كالنداء (vocative style) والاستفهام (interrogative style) والتوكيد (affirmative style).

**Task 1:** Which of the following sentences expresses an opinion?

إنّه من الغريب أن تكون لكلّ سيارة حديثة مُواصفات مختلفة عن الأخرى

لكلّ سيارة حديثة مواصفات مُختلفة عن الأخرى

من المُتوقَّع أن يكون لكلّ سيارة حديثة مواصفات مُختلفة عن الأخرى

## Expositions

**Task 2:** If someone recommended that you watch a particular film, which statement below would be most likely to persuade you?

| أ | ب | ج |
|---|---|---|
| الفلم يقصّ حكاية القائد حنّبعل والحروب التي خاضها ضدّ الرومانيين | قد يثير هذا الفلم اهتمامك فهو يقصّ حكاية القائد حنّبعل والحروب التي خاضها ضدُّ الرومانيين | يجب أن تشاهد هذا الفلم التاريخي الرائع! إنّه يقصّ حكاية القائد العظيم حنّبعل والحروب التي خاضها ضدّ الرومانيين. |

**Task 3:** Look at your answer for Task 2. Explain why you think this is the most persuasive statement.

.................................................................................................................
.................................................................................................................

Let's have, to start with, and example of an argumentative text:

### A Student's Draft

A student is going to write about why it is important to wear uniforms in schools. He starts by organising his thoughts and ideas.

| الأدلة المساندة | الحُجَج |
|---|---|
| | **المقدّمة:** تعريف الزي المدرسي المُوحّد. الزي المدرسي يسهم في دعم النجاح المدرسي. |
| ليس هناك فرق بين الغني والفقير. غياب التنمّر بين الطلبة. | **الحُجّة الأولى:** يلغي اللباس الموحد الفوارق الطبقية. |
| لكل مدرسة زي مختلف يسهل التعرف عليهم. | **الحُجّة الثانية:** يميّزهم عن باقي طلاب المدارس الأخرى. |
| لكل مدرسة قوانين يجب احترامها والزي رمز هذا الاحترام. | **الحُجّة الثالثة:** تعبير عن احترام الطلاب للدستور المدرسي وأنظمته الداخلية. |
| يظهر التناسق والزي الواحد، بخلاف الألوان المختلفة التي لا تعبر عن الذوق الجمالي للعين. | **الحُجّة الرابعة:** الناحية الجمالية. يعبّر عن هيئة خارجية جميلة. |
| | **الخاتمة:** الزي المدرسي يحقّق هوية مُوحّدة بين الطّلبة ومُحيطا مدرسيا ايجابيا. |

# The Arabic Companion's Guide To Writing

## Writing the first draft

Below, you will find a student's draft. Read what he wrote and then answer the questions.

يكون اللباس الموحد لباس الطلاب والطالبات جميعا خلال دوامهم المدرسي.

اللباس الموحد في المدرسة فكرة ممتازة. هنالك عدة نقاط يمكنها أن تدعم هذا الموقف:

أولا: يلغي اللباس الموحد الفوارق الطبقية بين الطلاب، ويساوي بينهم. ليس هناك فرق بين الغني والفقير في لباسهم. غياب التنمّر بين الطلبة.

ثانيًا: يظهر الطلاب بصورة مُوَحَّدة، يتميّزون عن باقي طلاب المدارس، من حيث الهيئة الخارجية.

ثالثًا: تعبير عن احترام الطلاب للدستور المدرسي وأنظمته الداخلية، فلكل مدرسة قوانين يجب احترامها والزي رمز هذا الاحترام.

رابعًا: يعبّر اللباس الموحد عن هيئة خارجية جميلة، حيث يظهر التناسق والزي الواحد، بخلاف الألوان المختلفة التي لا تعبر عن الذوق الجمالي للعين.

اللباس المدرسي يحقق المساواة والنظام والهيئة الجميلة، ويعبر عن الالتزام لأنظمة المدرسة، مما يجعلها فكرة محمودة.

**Task 4:** A good exposition should contain the following features. Tick (✓) the ones used in the draft.

a an **introduction** that states the main opinion or point of view ☐
b a **series of arguments** that give **reasons** for the point of view ☐
c **evidence** to support the arguments ☐
d **present tense** verbs (e.g. يحترم, يدعم) ☐
e **connectives** to link arguments (e.g. أوّلا، أخيرا، على سبيل المثال) ☐
f a **separate** paragraph for each argument ☐
g a **conclusion** that **repeats the main opinion** and refers back to the arguments ☐

**Task 5:** Use the information in the draft to help you complete the following sentences.

النجاح المدرسي للبعض هو نتيجة ..............................................................

..................................................................................................

من أهمّ فوائد الزيّ المدرسي ..................................................................

..................................................................................................

# Expositions

## A Step By Step Plan

The writing piece is almost complete, but we need to find ways to improve it. Complete these exercises that contain tips on how you can do that.

**Step 1: Start with a good introduction**

The **introduction** is the opening paragraph of a text. It should state the **main opinion**, but it should also be **interesting** enough to capture the reader's attention and make him or her want to read further.

**Task 6:** Now put the following notes together to write a better introduction:

اللباس الموحد: لباس بلون معين، وشعار خاص بالمدرسة يظهر على اللباس

اللباس الموحد: يسهم في دعم النجاح المدرسي

اللباس الموحد: هناك أسباب كثيرة

..................................................................................................

..................................................................................................

**Step 2: Use connectives to link ideas**

**Connectives** are words and phrases that **link ideas** in a text. Many of them are additive conjunctions or listing or causality.

For example:

قرأت كتابا وبالإضافة إلى ذلك كتبت تلخيصا موجزا عن مضمونه. (Additive)

كتبت المقال أولا ثم وزعته على أفراد اللجنة ثانيا و قمت بنشره ثالثا. (Listing)

قررت مغادرة البلد بسبب الجو الممطر دائما. (Causality)

Using connectives to link ideas helps to make the text read more **fluently**.

**Task 7: Complete the paragraph below with the connectives from the box. Use each connective once.**

| | | | | |
|---|---|---|---|---|
| وزد على ذلك | وبالإضافة إلى ذلك | كَمَا | و | بخلاف | ونتيجة لذلك |

اللباس الموحد في المدرسة فكرة ممتازة وقابلة للتنفيذ ________________ تسهم في دعم النجاح المدرسي.

________________ هنالك عدة نقاط يمكنها أن تدعم هذا الموقف:

أولا: يلغي اللباس الموحد الفوارق الطبقية بين الطلاب، ويساوي بينهم. ________________ ليس هناك فرق بين الغني والفقير في لباسهم. ________________ غياب التنمّر بين الطلبة.

ثانيًا: يظهر الطلاب بصورة مُوَحَّدة، ________________ يتميَّزون عن باقي طلاب المدارس، من حيث الهيئة الخارجية.

رابعًا: يعبّر اللباس الموحد عن هيئة خارجية جميلة، حيث يظهر التناسق والزي الواحد، ________________ الألوان المختلفة التي لا تعبر عن الذوق الجمالي للعين.

**Task 8: Circle the connective in brackets that best links the ideas in the following sets of sentences.**

**(وَ - وَلَكن - بالرَّغم من أنّ)** قد يقول البعض إن اللباس الموحد يحدّ من حرية الطالب في اختيار لباسه اليومي، **(وَرَغْمَ أنّه - بسبب - وكما)** يسمح للمعلم ينبغي أن يسمح للطالب باختيار اللباس الذي يرتئيه كل يوم. ولعل هذا الأمر صحيح، **(وَ - وَلَكن - بالرَّغم من أنّ)** هنالك ثمن لكل ذلك، وقد حُلّ الأمر في بعض المدارس بإلزام المعلمين بلباس موحد أيضًا.

## Step 3: Use evaluative language to make judgements

**Evaluative language (اللغة التقييمية)** is language that makes **positive** or **negative judgements**.

For example: سَيّء - جَيّد. Some words are more strongly positive or negative than others.

For example: ممتاز is more forceful than جَيّد and رَهِيب is more forceful than سَيّء.

Using evaluative language that makes forceful **positive or negative judgements** helps **persuade** your reader or audience that your point of view is right.

**Task 9: Assign the following groups of words that correspond to the three words given below:**

| | | |
|---|---|---|
| تحبس الأنفاس | هائل | |
| خلابة | ضخم | هائل |
| شنيع | تقشعر لها الأبدان | كريه |
| قبيح | عظيم | |

جميل: ..............................................

بشع: ..............................................

كبير: ..............................................

## Expositions

**Task 10:** In the following sentences, replace each word in brackets with a more forceful alternative from the box. Do not use the same word more than once.

| | | |
|---|---|---|
| تخرب | تهدم | المُدمِّرة |
| صعبة | لا تطاق | الذعر |
| المعاناة | تعيسة | البؤس |

أ- الأشخاص الذين لا يحترمون الآخرين يسببون الكثير من (الحزن) _____ في العالم.

ب- يمكن أن يجعل المتنمرون حياة ضحاياهم (غير سارة) _____.

ج- يحسّ ضحايا الجرائم أحيانًا (بالخوف) _____ من مغادرة منازلهم.

د- يمكن للحروب أن (تفسد) _____ حياة الناس.

ه- يعاني الكثير من الأبرياء في هذه الحروب (السيئة) _____.

### Step 4: Express your main opinion

These phrases are employed to indicate one's agreement and support to an argument, discussion or debate.

> ليس لدي أدنى شك في - أنا مقتنع كل القناعة بـ - في نظري - أعتقد أنّ - في رأيي

### Step 5: Use a summative conclusion

A conclusion **repeats the main opinion** and refers back to the arguments. The following phrases are used to summarise a text or speech.

> وفي الختام - وخلاصة القول - مجمل القول - صفوة القول - سأختم - وفي النهاية - وختاما - مختصر القول - باختصار - نستنتج مما ذكر أعلاه أن

Examples:

أُلخّص ماقلت سابقا في عبارة واحدة: مَن جدَّ وَجَدَ ومَن زرع حصد.

وفي ختام موضوعنا هذا أود أن أقول أنّ اللباس المُوحّد في المدرسة فكرة ممتازة وقابلة للتنفيذ.

وصَفوة القوْل أن التدخين مضرّ ومُهلك للصحّة.

# The Arabic Companion's Guide To Writing

**Step 6: Writing the final draft**

This is the final draft. Read the comments about the final draft on the right.

| | |
|---|---|
| نَعْني بِاللِّبَاسِ الْمُوَحَّدِ في الْمَدَارِسِ، بِأَنْ تَتَبَنَّى الْمَدْرَسَةُ لِبَاسًا بِلَوْنٍ مُعَيَّنٍ، وَشِعَارًا خَاصًّا بِالْمَدْرَسَةِ يَظْهَرُ عَلَى اللِّبَاسِ. يَكُونُ لِبَاسُ الطُّلَّابِ وَالطَّالِبَاتِ جَميعًا خِلَالَ دَوَامِهِمُ الْمَدْرَسِيِّ. | مقدّمة: تعريف موضوع المقال، الفكرة الرّئيسة ورأي الكاتب |
| وَأَعْتَقِدُ أَنَّ اللِّبَاسَ الْمُوَحَّدَ في الْمَدْرَسَةِ فِكْرَةٌ مُمْتَازَةٌ وَقَابِلَةٌ لِلتَّنْفِيذِ كَمَا أَنِّي أَرَى أَيْضًا أَنَّهَا تُسْهِمُ في التَّعْبِيرِ عَنِ النِّظَامِ الْمَدْرَسِيِّ. | ابداء الرّأي |
| هُنَالِكَ عِدَّةُ نِقَاطٍ يُمْكِنُهَا أَنْ تَدْعَمَ هَذَا الْمَوْقِفَ: | الحجج التي توضح أسباب وجهة النظر |
| أَوَّلًا: في رَأْيي، يُلْغي اللِّبَاسُ الْمُوَحَّدُ الْفَوَارِقَ الطَّبَقِيَّةَ بَيْنَ الطُّلَّابِ، وَيُسَاوي بَيْنَهُمْ. وَنَتِيجَةً لِذَلِكَ لَا يَكُونُ هُنَاكَ فَرْقٌ بَيْنَ الْغَنِيِّ وَالْفَقيرِ في لِبَاسِهِمَا. وَزِدْ عَلَى ذَلِكَ غِيَابُ التَّنَمُّرِ بَيْنَ الطَّلَبَةِ. فَالتَّنَمُّرُ عَلَى أَسَاسِ الثِّيَابِ وَالْمُوضَةِ يُمْكِنُ أَحْيَانًا أَنْ يُدَمِّرَ ثِقَةَ الطَّالِبِ. | استخدام اللغة التقييمية في لإقناع القارئ بقبول وجهة نظر الكاتب |
| ثَانِيًا: يَظْهَرُ الطُّلَّابُ بِصُورَةٍ مُوَحَّدَةٍ، وَبِذَلِكَ يَتَمَيَّزُونَ عَنْ بَاقي طُلَّابِ الْمَدَارِسِ الْأُخْرَى، مِنْ حَيْثُ الْهَيْئَةُ الْخَارِجِيَّةُ. | ربط الأفكار بالروابط يجعل الكتابة أكثر طلاقة |
| ثَالِثًا: تَعْبِيرٌ عَنِ احْتِرَامِ الطُّلَّابِ لِلدُّسْتُورِ الْمَدْرَسِيِّ وَأَنْظِمَتِهِ الدَّاخِلِيَّةِ، فَلِكُلِّ مَدْرَسَةٍ قَوَانِينُ يَجِبُ احْتِرَامُهَا وَالزِّيُّ رَمْزُ هَذَا الِاحْتِرَامِ. وَأَخِيرًا: يُعَبِّرُ اللِّبَاسُ الْمُوَحَّدُ عَنْ هَيْئَةٍ خَارِجِيَّةٍ جَميلَةٍ، حَيْثُ يَظْهَرُ التَّنَاسُقُ وَالزِّيُّ الْوَاحِدُ، بِخِلَافِ الْأَلْوَانِ الْمُخْتَلِفَةِ الَّتي لَا تُعَبِّرُ عَنِ الذَّوْقِ الْجَمَالِيِّ لِلْعَيْنِ. | استخدام روابط التعداد: أولا، ثانيا... |
| وَفي الْخِتَامِ، نَسْتَنْتِجُ مِمَّا ذُكِرَ أَعْلَاهُ أَنَّ اللِّبَاسَ الْمَدْرَسِيَّ يُحَقِّقُ الْمُسَاوَاةَ وَالنِّظَامَ وَالْهَيْئَةَ الْجَميلَةَ، وَيُعَبِّرُ كَذَلِكَ عَنِ الِالْتِزَامِ بِأَنْظِمَةِ الْمَدْرَسَةِ، مِمَّا يَجْعَلُهَا فِكْرَةً مَحْمُودَةً. | استنتاج يُعزّز الرأي الرئيسي ويعود إلى الحجج |

# Expositions

## Your turn

You are going to write about why it is important to respect the environment. These are the thoughts and ideas organised for you.

| الأدلة المساندة | الحُجَج |
|---|---|
|  | **المقدّمة:** التلوث - مشكلة كبيرة للناس والحيوانات والنباتات - يجب أن نهتم بشكل أفضل بالبيئة. |
| يمكن أن بسبب أمراض الجهاز التنفسي، على سبيل المثال الربو.<br>يمكن أن يضرّ العين والأنف والحلق. | **الحُجّة الأولى:**<br>يمكن أن يتسبب تلوث الهواء (من المصانع والسيارات والطائرات ومحطات الطاقة) في إصابة الناس بالمرض. |
| يمكن أن تسبب أمراضًا مثل التيفود عند البشر.<br>يمكن أن يقتل النباتات والحيوانات مثل الأسماك (مثل الأكياس البلاستيكية). | **الحُجّة الثانية:**<br>يمكن أن يسبب تلوث المياه مشاكل للنباتات والبشر والحيوانات. |
| البشر والحيوانات تأكل النباتات المزروعة في تربة ملوثة - تمرض وتموت<br>المواد الكيميائية من مكبات النفايات تذهب إلى التربة<br>يمكن أن تموت النباتات الطبيعية. | **الحُجّة الثالثة:**<br>تلوث التربة - مشكلة للنباتات والبشر والحيوانات. |
|  | **الخاتمة:** الأرض هي موطننا - وليس هناك مكان آخر نذهب إليه - يجب أن نعتني بها بشكل أفضل. |

**Task 11:** List at least two things we can do so that we aren't using our cars unnecessarily.

يمكننا جميعًا المساهمة في تقليل تلوث الهواء من خلال توخي مزيد من الحذر في طريقة استخدامنا لسياراتنا.

...................................................................
...................................................................
...................................................................
...................................................................
...................................................................
...................................................................

# The Arabic Companion's Guide To Writing

## 6 — Writing opinion essays كتابة مقالات الرأي

When you write an **opinion** (الرأي) essay, you must say what you **think** about a topic and try to **convince** (اقناع) the reader of your point of view on that topic.

An opinion essay has three parts:

* an introduction
* arguments or reasons that support your view.
* a conclusion

**Task 1:** Write what you like or don't like about each topic.

أ.   (أحب / لا أحب) الرياضات الفردية لأنَّ

..................................................................................................................

ب.   (تعجبني / لا تعجبني) السباحة في المسابح العامة لأنَّ

..................................................................................................................

ج.   (أحب / لا أحب) السفر عن طريق السفن أو وسائل النقل العامة لأنَّ

..................................................................................................................

**Task 2:** Look at the paragraph from a student essay about the problem of stress among school teachers. Get a piece of paper and spend three minutes writing down some criticisms.

فِي رَأْيِي، التَّوَتُّرُ مُشْكِلَةٌ خَطِيرَةٌ حَقًّا بَيْنَ مُعَلِّمِي الْمَدَارِسِ الثَّانَوِيَّةِ. أَعْتَقِدُ أَنَّهُ عَادَةً مَا يَكُونُ نَاتِجًا عَنْ أَشْيَاءَ مِثْلِ التَّلَامِيذِ ذَوِي الْحَافِزِ الْمُنْخَفِضِ وَالطُّلَّابِ الَّذِينَ يَتَصَرَّفُونَ بِشَكْلٍ سَيِّءٍ وَالْوَقْتِ وَضَغْطِ الْعَمَلِ.

يُمْكِنُ أَنْ يَحْدُثَ التَّوَتُّرُ أَيْضًا لِأَنَّ الشَّخْصَ يَكُونُ دَائِمًا تَحْتَ مُرَاقَبَةِ رُؤَسَائِهِ وَيَشْعُرُ بِأَنَّهُ تَحْتَ الضَّغْطِ. لَكِنْ، يَجِدُ بَعْضُ الْمُعَلِّمِينَ أَنَّ التَّوَتُّرَ قَدْ يُصْبِحُ مُحَفِّزًا.

يُؤَدِّي التَّوَتُّرُ إِلَى الِاكْتِئَابِ وَالتَّغَيُّبِ وَانْخِفَاضِ مُسْتَوَيَاتِ الرِّضَا الْوَظِيفِيِّ. قَدْ يَتَسَبَّبُ ذَلِكَ فِي تَرْكِ الْكَثِيرِ مِنَ الْمُعَلِّمِينَ لِلْمِهْنَةِ. وَبِالتَّالِي، فَإِنَّ التَّوَتُّرَ بَيْنَ مُعَلِّمِي الْمَدَارِسِ هُوَ مُشْكِلَةٌ تَحْتَاجُ إِلَى مُعَالَجَةٍ.

# Opinion Essays

a.  What do you think of the style of writing?

..................................................................................................

b.  How well is the paragraph structured?

..................................................................................................

c.  How well does the student express his/her opinion?

..................................................................................................

d.  How well does the student use sources from his/her reading?

..................................................................................................

**Task 3:** A good opinion essay should contain the following features. Tick (✓) the ones used in the draft.

a an **introduction** that Introduce the topic and give your opinion.

b a **formal style** suitable for the academic purpose of the piece and void of informal words

c a **well-structured** essay

d **specific** words and no vague expressions

e a **series of arguments** and **evidence** to support them

f **connectives** to link arguments (e.g. أوّلاء، أخيرا، على سبيل المثال)

g a **separate** paragraph for each argument

d a **conclusion** that **repeats the main opinion** and refers back to the arguments

**Task 4:** Which ONE sentence clearly shows the student writer's opinion?

أ. ☐ التَّوَتُّرُ نَاتِجٌ عَنْ أَسْبَابٍ مِثْلِ التَّلَامِيذِ ذَوِي الْحَافِزِ الْمُنْخَفِضِ وَالطُّلَّابِ الَّذِينَ يَتَصَرَّفُونَ بِشَكْلٍ سَيِّءٍ وَالْوَقْتِ وَضَغْطِ الْعَمَلِ.

ب. ☐ أَعْتَقِدُ أَنَّ التَّوَتُّرَ عَادَةً مَا يَكُونُ نَاتِجًا عَنْ أَسْبَابٍ مِثْلِ التَّلَامِيذِ ذَوِي الْحَافِزِ الْمُنْخَفِضِ وَالطُّلَّابِ الَّذِينَ يَتَصَرَّفُونَ بِشَكْلٍ سَيِّءٍ وَالْوَقْتِ وَضَغْطِ الْعَمَلِ.

ج. ☐ حَسَبَ الدِّرَاسَاتِ الْعِلْمِيَّةِ الْأَخِيرَةِ فَالتَّوَتُّرُ نَاتِجٌ عَنْ أَسْبَابٍ مِثْلِ التَّلَامِيذِ ذَوِي الْحَافِزِ الْمُنْخَفِضِ وَالطُّلَّابِ الَّذِينَ يَتَصَرَّفُونَ بِشَكْلٍ سَيِّءٍ وَالْوَقْتِ وَضَغْطِ الْعَمَلِ.

# The Arabic Companion's Guide To Writing

## A Step By Step Plan

### Step 1: Plan your ideas

The first thing we need to do is decide whether we **agree** with the question or statement and then make a list of two or three **reasons** that **support** our **opinion**, including some **facts** and/or examples. Here is an example:

"تُدفع رَوَاتب عالية للغاية للرياضيين الكبار."

**السبب الأول:** مسيرتهم المهنية قصيرة جدًا.

**الحقيقة 1:** عادة ما تنتهي حياتهم المهنية في الثلاثينيات من العمر.

**الحقيقة 2:** في بعض الأحيان، تكون مسيرتهم أقصر بسبب الإصابات.

**السبب 2:** يفقدون حياتهم الخاصّة.

**الحقيقة 1:** الصَّحفيُون والمُعجَبون يتبعونهم باستمرار.

**الحقيقة 2:** الآن، يستخدم الجميع هواتفهم لالتقاط الصور ونشرها.

### Step 2: Organise your text

An opinion essay has three parts:

- مُقَدِّمة
- الحُجَج أو الأسباب التي تدعم وجهة نظرك.
- خَاتِمَة

1. **الفقرة الأولى: مُقدِّمَة**

Introduce the topic and give your opinion. Say whether you agree or disagree with the statement or question.

في الوقت الحاضر، يحصل كبار الرياضيين، مثل لاعبي كرة القدم أو لاعبي كرة السلة، على رواتب ضخمة، وهذا يشجع على الكثير من الجدل. ومع ذلك، لا أعتقد أنهم يكسبون أكثر من اللازم. في رأيي، رواتبهم عادلة.

# Opinion Essays

## 2. الفقرة الثانية: الحُجَج

Give the first argument to support your opinion. Include at least two facts or examples to show that your reason makes sense.

> على الرغم من كل الأموال التي يكسبها اللاعبون الرياضيون المحترفون كل عام، إلا أنهم يعملون لبضع سنوات فقط - وعادة ما يتقاعدون عندما يكونون في الثلاثينيات من العمر. يتعين على العديد منهم التقاعد في وقت مبكر لأنهم يتعرضون للإصابة ويُجبَرُون على التوقف عن اللعب.

## 3. الفقرة الثالثة: الحُجَج

Give more reasons and again provide examples, facts or supporting ideas.

> نجوم الرياضة من المشاهير، وكل المشاهير يفقدون حياتهم الخاصّة. يتابعهم الصحفيون والمصورون والمعجبون في كل مكان، يريدون الحصول على صور أو التحدث إليهم طوال الوقت. يمكن الآن لأي شخص التقاط صور بهاتفه المحمول ونشرها في أي لحظة على مواقع وسائل التواصل الاجتماعي.

## 4. الفقرة الرابعة: الخاتمة

Summarise your ideas and repeat your opinion.

> أعتقد أن كبار اللاعبين الرياضيين المحترفين يحصلون على الرواتب التي يستحقونها لأن حياتهم المهنية قصيرة ولأن حياتهم الشخصية خلال تلك السنوات تتأثر بشعبيتهم.

### Step 3: Add emphasis to your opinion

If we want to make the statement stronger. We can do it by adding an adverb or adjective. For example:

- أَعْتَقِدُ أَنَّ ...   ←   أَعْتَقِدُ شَدِيدَ الاعْتِقادِ أَنَّ.... / أَعْتَقِدُ بِشِدَّةٍ أَنَّ...
- بِالطَّبعِ ...   ←   بِكُلِّ تَأْكِيدٍ...
- أَظُنُّ أَنَّ ...   ←   إِنَّ إِيمَانِي رَاسِخٌ أَنَّ...

47

## Step 4: Use formal language

Next, let's look at a few phrases that are more common in **formal situations**. You might, for example, hear one of these at a business meeting or a conference, or in a formal paper.
For example:

| | | | |
|---|---|---|---|
| مِنْ وِجْهَةِ نَظَرِي ... | يَبْدُو لِي ... | عَلَى النَّقِيضِ ... | رَأْيِي المُتَوَاضَعِ هُوَ أَنَّ ... |
| فِي اعْتِقَادِي ... | بِالنِّسْبَةِ لِي ... | أَخْتَلِفُ مَعَ ... | مِنْ نَاحِيَتِي أَرَى أَنَّ ... |
| أَنَا مُقْتَنِعٌ تَمَامًا أَنَّ ... | أَنَا غَيْرُ مُقْتَنِعٍ أَنَّ ... | مِنَ الوَاضِحِ لِي أَنَّ ... | |

**Task 5: Change the underlined expressions of opinion to a more formal tone.**

يحصل كبار الرياضيين، مثل لاعبي كرة القدم أو لاعبي كرة السلة، على رواتب ضخمة، وهذا يشجع على الكثير من الجدل. ومع ذلك، لا أعتقد أنهم يكسبون أكثر من اللازم. في رأيي، رواتبهم عادلة.

........................................................................................................................................................

## Step 5: Sequence your text

Use connectors to sequence and structure your ideas.

| | | |
|---|---|---|
| أولا / أولا وقبل كل شيء، ... | ثانيًا، ... | ثالثا ... |
| فضلاً عن ذلك، ... | علاوة على ذلك، ... | |
| في الخُلاصة، | باختصار، | |

**Task 6: Add connectors to the following paragraph.**

وزِدْ عَلَى ذَلِكَ     علاوة على ذلك     ثانيًا

.........................، نجوم الرياضة من المشاهير، وكل المشاهير يفقدون حياتهم الخاصّة. يتابعهم الصحفيون والمصورون والمعجبون في كل مكان، .........................، يريدون الحصول على صور أو التحدث إليهم طوال الوقت. .........................، يمكن الآن لأي شخص التقاط صور بهاتفه المحمول ونشرها في أي لحظة على مواقع وسائل التواصل الاجتماعي.

# Opinion Essays

**Step 6: Writing the final draft**

This is the final draft. Read the comments about the final draft on the right.

في اَلْوَقْتِ اَلْحَاضِرِ، يَحْصُلُ كِبَارُ اَلرِّيَاضِيِّينَ، مِثْلَ لَاعِبِي كُرَةِ اَلْقَدَمِ أَوْ لَاعِبِي كُرَةِ اَلسَّلَّةِ، عَلَى رَوَاتِبَ ضَخْمَةٍ، وَهَذَا يُشَجِّعُ عَلَى اَلْكَثِيرِ مِنَ اَلْجَدَلِ. وَمَعَ ذَلِكَ، أَنَا غَيْرُ مُقْتَنِعٍ أَنَّهُمْ يَكْسِبُونَ أَكْثَرَ مِنَ اَللَّازِمِ. مِنْ نَاحِيَتِي أَرَى أَنَّ رَوَاتِبَهُمْ عَادِلَةٌ.

← مقدّمة: تقدم الموضوع وتُبدي رأيك

أَوَّلًا، عَلَى اَلرَّغْمِ مِنْ كُلِّ اَلْأَمْوَالِ اَلَّتِي يَكْسِبُهَا اَللَّاعِبُونَ اَلرِّيَاضِيُّونَ اَلْمُحْتَرِفُونَ كُلَّ عَامٍ، إِلَّا أَنَّهُمْ يَعْمَلُونَ لِبِضْعِ سَنَوَاتٍ فَقَطْ - وَعَادَةً مَا يَتَقَاعَدُونَ عِنْدَمَا يَكُونُونَ فِي اَلثَّلَاثِينِيَّاتِ مِنَ اَلْعُمْرِ. بِالْإِضَافَةِ إِلَى ذَلِكَ، يَتَعَيَّنُ عَلَى اَلْعَدِيدِ مِنْهُمُ اَلتَّقَاعُدُ فِي وَقْتٍ مُبَكِّرٍ لِأَنَّهُمْ يَتَعَرَّضُونَ لِلْإِصَابَةِ وَيُجْبَرُونَ عَلَى اَلتَّوَقُّفِ عَنِ اَللَّعِبِ.

← استخدام روابط التّعداد

← الحجج التي توضح أسباب وجهة النظر

ثَانِيًا، نُجُومُ اَلرِّيَاضَةِ مِنَ اَلْمَشَاهِيرِ، وَكُلُّ اَلْمَشَاهِيرِ يَفْقِدُونَ حَيَاتَهُمُ اَلْخَاصَّةَ. يُتَابِعُهُمُ اَلصَّحَفِيُّونَ وَالْمُصَوِّرُونَ وَالْمُعْجَبُونَ فِي كُلِّ مَكَانٍ، وَزِدْ عَلَى ذَلِكَ، يُرِيدُونَ اَلْحُصُولَ عَلَى صُوَرٍ أَوِ اَلتَّحَدُّثَ إِلَيْهِمْ طَوَالَ اَلْوَقْتِ. عِلَاوَةً عَلَى ذَلِكَ، يُمْكِنُ اَلْآنَ لِأَيِّ شَخْصٍ اِلْتِقَاطُ صُوَرٍ بِهَاتِفِهِ اَلْمَحْمُولِ وَنَشْرَهَا فِي أَيِّ لَحْظَةٍ عَلَى مَوَاقِعِ وَسَائِلِ اَلتَّوَاصُلِ اَلِاجْتِمَاعِيِّ.

← ربط الأفكار بالروابط يجعل الكتابة أكثر طلاقة

← استخدام روابط التعداد: أوّلا، ثانيا...

بِاخْتِصَارٍ، أَنَا مُقْتَنِعٌ تَمَامًا أَنَّ كِبَارَ اَللَّاعِبِينَ اَلرِّيَاضِيِّينَ اَلْمُحْتَرِفِينَ يَحْصُلُونَ عَلَى اَلرَّوَاتِبِ اَلَّتِي يَسْتَحِقُّونَهَا لِأَنَّ حَيَاتَهُمُ اَلْمِهْنِيَّةَ قَصِيرَةٌ وَلِأَنَّ حَيَاتَهُمُ اَلشَّخْصِيَّةَ خِلَالَ تِلْكَ اَلسَّنَوَاتِ تَتَأَثَّرُ بِشَعْبِيَّتِهِمْ.

← استخدام اللغة الرّسميّة

← خاتمة: تُعَزِّزُ الرأي الرئيسي وتُلخّص الأفكار

## The Arabic Companion's Guide To Writing

# 7 Revision: Connectives مراجعة الروابط

The use of connectors in Arabic can help you improve your style and link your ideas in a way that would help the reader to follow your argument. Arabic language provides a wide range of connectors which serve different functions.

### 1. Additive conjunction الربط الإضافي

Additive conjunctions are connectors used to link two words, clauses, sentences or ideas.

**And** و

Used to link words, clauses, sentences and paragraphs. It is used within and between sentences.

ذهب محمد وعلي إلى المدرسة

**While / As** و

Used to indicate circumstance or condition. To know if the (و) is circumstancial, ask the question 'how?'. The clause starting with (و) should be an answer to that question:

She visited us. زارتنا

**How** was she as she visited us? كيف زارتنا؟

She was sad as she visited us. زارتنا وهي حزينة

زارتنا وهي حزينة على فراق عائلتها.

**Then** ثم

Like و , ثم can be used to link two sentences. ثم indicates a certain time interval between the two actions.

سافرت إلى الأردن ثم مصر.

**After that** بعد ذلك

Used to indicate that one action precedes another.

استيقظت من النوم باكرا ثم تناولت الفطور وبعد ذلك توجهت إلى الجامعة.

To link between sentences and ideas, other connectives can be used:

قرأت كتابا وبالإضافة إلى ذلك قرأت قصّة قصيرة.

وإلى جانب ذلك (besides)

وزيادة على ذلك (in addition to that)

وأضف إلى ذلك (add to that)

وزد على ذلك (add to that)

# Connectives

## 2. Contrastive conjunction الربط الإستدراكي

The following connectors are used in Arabic to contrast one idea or action with another.

**However, But** لكن

حضر الطالب إلى الصفّ لكنه لم ينجز تمارينه المنزلية.

| but | بيد أن / لكن / إلا أن/ غير أن / أمّا |
|---|---|
| on the contrary | على عكس ذلك |
| | على نقيض ذلك |
| | خلافا لذلك |
| on the other hand | ومن جهة ثانية/ ومن ناحية اخرى |

كان طالبا مُجتهدا غير أنّه لم ينجز تمارينه المنزلية هذا اليوم.

من ناحية، كان طالبا مُجتهدا ومن ناحية اخرى كان لا يهتمّ باللغات.

## 3. Time conjunction الربط الزمني

Used to express the time relationship between ideas and sentences.

**Before / After** قبل أن / بعد أن

غسل وَجهه قبل أن يلبس ثيابه.

شاهد التلفزيون بعد أن أكمل واجباته المدرسية.

**When** حينما – لمّا – عندما

رأيت صديقي أحمد حينما دخلتُ القاعةَ.

لمَّا خرج الأب دخل الإبن.

ألبس معطفي عندما تُمْطر.

**Whenever** كُلَّما

أشعر بالتوتّر كُلّما أكلّمها.

**While** بينما / في أثناء

كنت أدرس بينما كان أخي يلعب.

كنت أدرس في أثناء ذلك كان أخي يلعب.

## 4. Listing الربط التعدادي

When we list a number of temporal sequences, we use the following:

أولا - ثانيا - ثالثا - رابعا ...

قمت من السرير أولا ثم اغتسلت ثانيا وارتديتُ ثيابي ثالثا.

## 5. Cause and effect السّبب والنتيجة

These Arabic connectors show that one thing caused another.

**Because / For the reason that** بما أنّ - بسبب - لأن

لم ينجح في الإمتحان (effect) لأنه لم يهتم بدراسته (cause).

لم ينجح في الإمتحان بسبب عدم اهتمامه بدراسته.

لم ينجح في الإمتحان بما أنّه لم يهتم بدراسته.

**As a result / For this reason** بناء على ذلك - لذا - ولهذا - ولهذا السبب - ومن جراء ذلك - ونتيجة لذلك

لم يهتم بدراسته (cause) لذا لم ينجح في الإمتحان (effect).

**Task 1:** **Complete the following sentences with the appropriate additive conjunctions.**

أ. في الصيف الماضي زرت القاهرة ____________ الإسكندرية.

ب. لتجهيز كوب شاي اتبع الخطوات التالية: ضع كيس شاي في الكوب ____________ ملعقة سكر ____________ الماء ____________ حرك ____________ اشرب الشاي.

ج. كان رجل الأعمال شخصا كريما، فقد فقد ساعد المحتاجين، ____________ تصدق بالكثير من ماله.

د. زرت صديقي المريض مرة في الأسبوع الماضي، ____________ رجعت له مرة أخرى.

**Task 2:** **Complete the following sentences with the appropriate contrastive conjunction.**

أ. أحب كرة القدم ____________ لا أحب كرة السلة.

ب. لقد نجح من ناحية لكنه فشل ____________ لأنه لم يُحقّق كل أهدافه.

ج. ظننت أنه سيفشل في إمتحانه لكن ____________ ذلك فقد نجح بامتياز.

د. أحمد شخص صَدُوق وأمين ____________ مُنير فهو عكس ذلك.

## Connectives

**Task 3:** Connect the following phrases using the appropriate time conjunction.

أ. كنت أدرس في المكتبة - كان أخي يرتّب الغرفة.

ب. حصل على وظيفة جيدة - حصوله على شهادة الدكتوراه.

ج. سأتصل بك - أصل إلى بريطانيا.

د. ألقى محاضرته الأخيرة - شكر طلابه على إخلاصهم.

**Task 4:** Complete the following sentences with the appropriate causality conjunction.

أ. سافر خارج البلد _____ لم يحضر زفاف أخيه.

ب. تغيّب الطالب اليوم عن المحاضرة _____ إنشغاله بمشاكل أسرته.

ج. وقعت المظاهرات والإحتجاجات _____ قرار رفع الضرائب.

د. كانت سعاد مريضة _____ لم تذهب إلى الجامعة.

**Task 5:** Link the following sentences using the appropriate connectors.

أ. راسلها كثيرا _____ الزواج منها.

ب. اندلعت الحرب _____ فشل المفاوضات بين الجانبين.

ج. اتفق الوزيران على ضرورة تقوية العلاقات الثنائية بينهما _____ آخر لقاء بينهما.

د. شرح الأستاذ المحاضرة _____ ساعد الطلاب على انجاز التمارين _____ أعطى بعض الحلول المناسبة للتمارين.

هـ. هل يمكن أن نسافر إلى لندن _____ نقيم فيها لمدة وجيزة _____ أن ينقضي العام الدراسي؟

### Your turn

**Task 6:** Use contrastive and additive conjunctions in a paragraph in which you compare travelling with a friend and travelling with your family. List ways in which they are similar and different.

..................................................................................................
..................................................................................................
..................................................................................................

# The Arabic Companion's Guide To Writing

## 8 — Writing a holiday review كتابة تقرير نقدي لعطلة

A **review** (تقرير نقدي) is a text in which you give your **personal opinions** (الرّأي) about something. You can review books, plays, films or places such as restaurants. In this unit we will be reviewing a holiday.

A **holiday review** should have:

* an **introduction** that names the holiday place and tells your reader where it is.
* **middle paragraphs** that give more detail and opinions about what there is to see and do there.
* a **conclusion** that contains your **personal opinion** of the place and advice for visitors (e.g. what type of clothes to pack and the best time of year to visit).

Be careful not to simply write a recount of your visit. The following texts will help you tell the difference between a **recount** (رواية أحداث وَسَرْد) and a **review** (تقرير نقدي).

### سرد الأحداث

في العام الماضي ذهبت أنا وعائلتي إلى شرم الشيخ في مصر. استغرقنا حوالي ساعتين للوصول إلى هناك. كنا هناك لمدة أسبوع. ذهبنا إلى الشاطئ كل يوم. في بعض الأحيان لعبنا في حديقة الفندق. ذهبنا أيضا للغطس. أمضينا وقتا طيبا حقا. أود أن أذهب إلى هناك مرة أخرى.

### تقرير نقدي

العام الماضي قضيت أنا وعائلتي أسبوعًا في شرم الشيخ على ساحل البحر الأحمر في مصر. شرم الشيخ هي مدينة سياحيّة تقع بين خليجي السويس والعقبة. الشواطئ رائعة وهناك حديقة جميلة حيث يمكن للناس التنزه. أعتقد أن شرم الشيخ هو المكان المثالي لقضاء عطلة عائلية.

**Task 1:** A good review of a holiday place should contain the following features.

Tick (✓) the ones that have been used in the following review.

**a** an **introduction** that names the place and also tells where it is ☐

**b** a **middle section** that contains more detail and opinions about what there is to see and do there ☐

**c** **adjectives** that express **opinions** (e.g. عطلة رائعة) ☐

**d** a **conclusion** that contains **personal opinions** about the place and **advice** for visitors ☐

# Holiday Review

ذهبت إلى مدينة البتراء.

أوّل المعالم التي بدأتُ باكتشافها كان السيق، فالسيق هو الطريق المؤدي إلى معالم المدينة الوردية. أحد الأشياء التي يمكنك القيام بها في البتراء هو مشاهدة المَعالِم الأثرية. في فصل الشتاء يكون الطقس باردا فعليك أن تتسلّح بثياب دافئة. أما في الصيف فيكون هناك الكثير من الذباب والبعوض. ليتهم أخبرونا بإحضار طارد الحشرات للحماية عنه.

يمكنك أيضًا اكتشاف المَسرح، حيث يأخذُ شكل الدائرة والذي يعود تاريخ انشائه إلى القرن الأوّل للميلاد.

أحببت الكثير من الأشياء في البتراء. فهي مكان لكل السيّاح وتوجد نشاطات حول المكان. أنصحكم بزيارتها وقضاء لا يقل عن خمسة أيام وبذلك سوف تستكشفون المكان بكلّ ما يحتويه وأيضا الاستعلام عن المعالم الهامّة قبل السّفر.

**Task 2:** The three tenses have been correctly used: present, past and future tense verbs in the example. In which tense are the underlined verbs in the following sentences?

أ. ذهبت الصيف الماضي في زيارة إلى مدينة البتراء بالأردن. _____

ب. سأعطيكم تقييما لهذه الرحلة والأنشطة التي يمكنك القيام بها. _____

ج. سوف تستكشفون المكان بكلّ ما يحتويه. _____

د. هذا يجلب الكثير من السياح لروعة هذا المكان. _____

## A Step By Step Plan

We want to improve the review. We are going to do some exercises to find ways to do this. Let's complete them.

### Step 1: Start with a good introduction

The **introduction** is the opening paragraph. It should tell your reader **where** the place is and **when** you went there. This information will help your readers decide if they want to visit the place.

Let's write a better introduction by filling in the following information.

أ. ذهبت (name the month) _____ إلى مدينة البتراء.

ب. المدينة في (name the location) _____.

ج. البتراء (say what makes the place special) _____.

# The Arabic Companion's Guide To Writing

**Step 2: Add detail to the paragraphs**

You learnt that a **paragraph** is a **group of sentences** about one thing. Adding **detail** to paragraphs makes your writing more interesting to read.

**Task 3:** Let's now add the following information to the second paragraph.

> السيق هو ذلك الشق الصخري الطبيعي الهائل بتعرجاته وألوانه المتدرجة من الوردي إلى البني وهو الطريق المؤدي إلى معالم المدينة الوردية.

> المَعالم البارزة المنحوتة بدقّة في الصخور الورديّة.

> المَسرح يقعُ في وسط المدينة الورديّة، حيث يأخذُ شكل الدائرة والذي يعود تاريخ انشائه إلى القرن الأوّل للميلاد.

أ. أوّل المعالم التي بدأتُ باكتشافها مُذ وصلت البتراء كان السيق، _____ وهذا يجلب الكثير من السياح لروعة هذا المكان.

ب. أحد الأشياء التي يمكنك القيام بها في البتراء هو مشاهدة _____ .

ج. يمكنك أيضًا اكتشاف المَسرح فهو يقعُ _____ .

**Step 3: Use adjectives to express opinions**

**Adjectives** (النّعوت والصفات) add meaning to nouns. They can help us express opinions or points of view (e.g. الشق الصخري الطبيعي ال<u>هائل</u>).

**Task 4:** Choose an adjective from the box to complete each of the following sentences. Use each adjective once.

> المفيدة    الوردية    الهامّة    متنوّعة    ممتع

أ. هناك أنشطة _____ يمكن القيام بها.

ب. لابد من زيارة بعض الأماكن _____ في هذا البلد.

ج. تسما البتراء في المدينة _____ .

د. هناك الكثير من المعلومات _____ عن هذا المعلم الأثري.

هـ. بالنسبة لي زيارة البتراء هو نشاط _____ .

# Holiday Review

**Task 5:** Complete the phrases beneath each of these photos of Petra (e.g. نُحوتا مُدهشة).

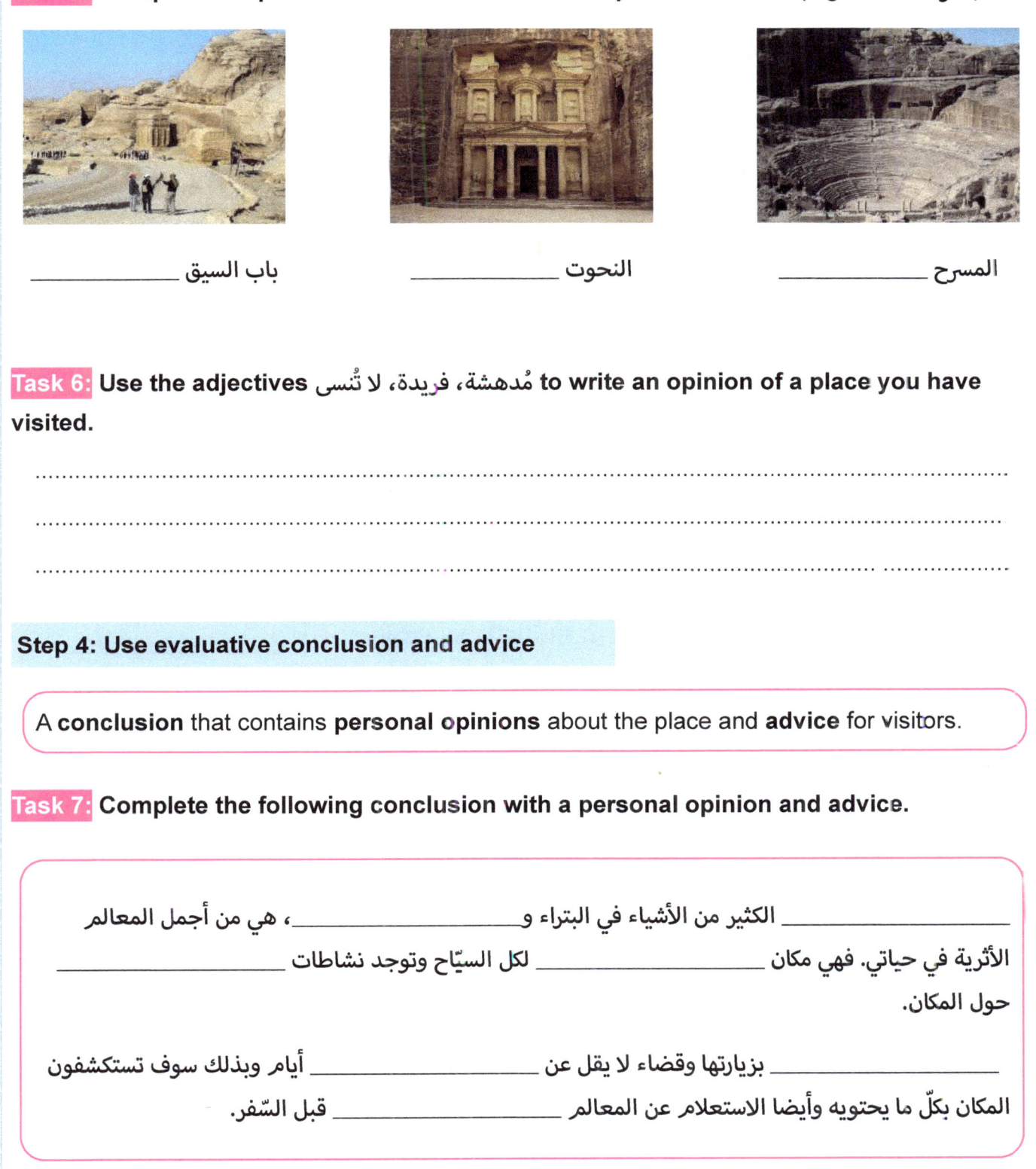

المسرح _____          النحوت _____          باب السيق _____

**Task 6:** Use the adjectives مُدهشة، فريدة، لا تُنسى to write an opinion of a place you have visited.

..............................................................................................................................

..............................................................................................................................

..............................................................................................................................

**Step 4: Use evaluative conclusion and advice**

A **conclusion** that contains **personal opinions** about the place and **advice** for visitors.

**Task 7:** Complete the following conclusion with a personal opinion and advice.

_____ الكثير من الأشياء في البتراء و_____، هي من أجمل المعالم الأثرية في حياتي. فهي مكان _____ لكل السيّاح وتوجد نشاطات _____ حول المكان.

_____ بزيارتها وقضاء لا يقل عن _____ أيام وبذلك سوف تستكشفون المكان بكلّ ما يحتويه وأيضا الاستعلام عن المعالم _____ قبل السّفر.

# The Arabic Companion's Guide To Writing

**Step 5: Writing the final draft**

This is the final draft. Read the comments about the final draft on the right.

### البتراء: أجمل ما ترى

ذَهَبْتُ الصَّيْفَ الْمَاضِيَ فِي زِيَارَةٍ إِلَى مَدِينَةِ الْبَتْرَاءِ بِالْأُرْدُنِّ. هُنَاكَ الْكَثِيرُ مِنَ الْأَشْيَاءِ الَّتِي يُمْكِنُ رُؤْيَتُهَا وَالْقِيَامُ بِهَا هُنَاكَ وَسَأُعْطِيكُمْ تَقْيِيمًا لِهَذِهِ الرِّحْلَةِ وَالْأَنْشِطَةِ الَّتِي يُمْكِنُكَ الْقِيَامُ بِهَا.

أَوَّلُ الْمَعَالِمِ الَّتِي بَدَأْتُ بِاكْتِشَافِهَا مُذْ وَصَلْتُ إِلَى الْبَتْرَاءِ الْخَلَّابَةِ كَانَ السِّيقَ، ذَلِكَ الشَّقُّ الصَّخْرِيُّ الطَّبِيعِيُّ الْهَائِلُ بِتَعَرُّجَاتِهِ وَأَلْوَانِهِ الْمُتَدَرِّجَةِ مِنَ الْوَرْدِيِّ إِلَى الْبُنِّيِّ، فَالسِّيقُ هُوَ الطَّرِيقُ الْمُؤَدِّي إِلَى مَعَالِمِ الْمَدِينَةِ الْوَرْدِيَّةِ. وَهَذَا يَجْلِبُ الْكَثِيرَ مِنَ السُّيَّاحِ لِرَوْعَةِ هَذَا الْمَكَانِ. أَحَدُ الْأَشْيَاءِ الْأُخْرَى الَّتِي يُمْكِنُكَ الْقِيَامُ بِهَا فِي الْبَتْرَاءِ هُوَ مُشَاهَدَةُ الْمَعَالِمِ الْبَارِزَةِ الْمَنْحُوتَةِ بِدِقَّةٍ فِي الصُّخُورِ الْوَرْدِيَّةِ.

يُمْكِنُكَ أَيْضًا اكْتِشَافُ الْمَسْرَحِ فَهُوَ يَقَعُ فِي وَسَطِ الْمَدِينَةِ الْوَرْدِيَّةِ، حَيْثُ يَأْخُذُ شَكْلَ الدَّائِرَةِ وَالَّذِي يَعُودُ تَارِيخُ انْشَائِهِ إِلَى الْقَرْنِ الْأَوَّلِ لِلْمِيلَادِ. فِي فَصْلِ الشِّتَاءِ يَكُونُ الطَّقْسُ بَارِدًا فَعَلَيْكَ أَنْ تَتَسَلَّحَ بِثِيَابٍ دَافِئَةٍ. أَمَّا فِي الصَّيْفِ الْحَارِّ فَيَكُونُ هُنَاكَ الْكَثِيرُ مِنَ الذُّبَابِ وَالْبَعُوضِ. لَيْتَهُمْ أَخْبَرُونَا بِاحْضَارِ طَارِدِ الْحَشَرَاتِ لِلْحِمَايَةِ مِنْهُ.

أَحْبَبْتُ الْكَثِيرَ مِنَ الْأَشْيَاءِ فِي الْبَتْرَاءِ. فَهِيَ مَكَانٌ مُمْتِعٌ لِكُلِّ السُّيَّاحِ وَتُوجَدُ نَشَاطَاتٌ مُتَنَوِّعَةٌ حَوْلَ الْمَكَانِ. أَنْصَحُكُمْ بِزِيَارَتِهَا وَقَضَاءِ لَا يَقِلُّ عَنْ خَمْسَةِ أَيَّامٍ وَبِذَلِكَ سَوْفَ تَسْتَكْشِفُونَ الْمَكَانَ بِكُلِّ مَا يَحْتَوِيهِ وَأَيْضًا الاسْتِعْلَامَ عَنِ الْمَعَالِمِ الْهَامَّةِ قَبْلَ السَّفَرِ.

---

عنوان: يعطي العنوان نبذة مختصرة عن موضوع المقال.

مقدّمة: تعطي المقدمة الجيدة اسم المكان وتحدد مكانه.

يساعد استخدام الفقرات في تنظيم المعلومات.

يساعد استخدام الصفات النّاقد في التعبير عن آرائه حول المكان.

يساعد تقديم نصائح للقراء في إنهاء التقييم.

يساعد تقديم الرأي ونصائح للقراء في إنهاء التقييم.

# Holiday Review

## Your turn

**Task 8:** Write a review of one of the following.

- Write a review of a place that you have visited. It can be a place that you went to for a holiday or a place that you visited for the day.

- Imagine you have been to the British Museum for a visit. Use the following information to write a review of your visit.

**المتحف البريطاني**

**الاسم:** المتحف البريطاني

**المكان:** في منطقة بلومزبري في لندن.

**متى:** الصيف الماضي

**نبذة عن المتحف البريطاني:** مخصص لتاريخ البشرية، ثمانية ملايين قطعة. يعد من أكبر وأشمل الأعمال الموجودة على الإطلاق، عالميته في مجموعاته من القطع الأثرية التي تمثل ثقافات العالم القديمة والحديثة.

**الأشياء التي يجب رؤيتها والقيام بها:** لديهم مرافق لدورات المياه ومناطق للمشروبات والمأكولات.

يمكن أن تأخذ الكثير من الصور. شاهد حجر رشيد (Rosetta Stone) والتحف المصرية.

**رأيي في المتحف البريطاني:** أفضل متحف تاريخي رأيناه على الإطلاق.

**نصيحة للزوار:** يحتاج إلى ست ساعات على الأقل للزيارة الكاملة أو يمكن رؤيته خلال 2/3 أيام أثناء قراءة التفاصيل كاملة.

..................................................................
..................................................................
..................................................................
..................................................................
..................................................................
..................................................................
..................................................................
..................................................................

# The Arabic Companion's Guide To Writing

## 9   Describing a scene وصف مشهد

A **description** (وصف) can be **imaginative** (خيالية) or **informative** (معلوماتية), depending on its context. Its aim is to give the reader a clearer picture of a person, place or thing, often by using figurative language (لغة مجازية).

A description is usually part of another text. In a **narrative** (سردي), for example, its **purpose** (هدف) is to **help tell the story**; in an **advertisement** (اعلان), it **helps sell** the product; and in a **report** (تقرير) or **explanation** (شرح), its main purpose is to **inform** (اخبار).

However, a description can be a text on its own. In this case, it should have:

* an interesting **introduction** that captures the reader's attention and briefly tells **what** the description is about.
* a **series** of **paragraphs** that **describe** the subject.
* a **conclusion** that contains a **final comment** or **thought** about the person, place or thing.

You can find descriptions in most types of text:

- رواية أحداث
- سرد
- شعر - قصيدة
- مقالة صحيفة أو مجلة
- رسائل ورقية او إلكترونية
- إعلان
- يوميات
- تقرير إخباري

**Task 1:** In which type of text are you most likely to find the following descriptions?

- شعر
- سرد
- تقرير

**أ**
نظرت إلى السماء. كانت السحب الرمادية متجمعةً مثل غطاء كبير ومُتَّسِخ.

**ب**
لديها حوافر خلفية قوية وأطراف أمامية قصيرة بدون إبهام، في حين أن أجسامها مغطاة بشعر سميك وخشن وصوفي.

**ج**
أنتَ كالليثِ في الشَّجاعَةِ والإقْدامِ *** والسَّيْفِ في قِراعِ الخُطوبِ.

# Describing a scene

The students have been learning about descriptions. They have to choose a photograph that they particularly like and describe its contents and any feelings they might experience when looking at it.

Amira has chosen the following photograph, which she took herself. She started by pasting a copy of the photograph into her notebook, and then she wrote down some words around it.

اِلْتَقَطْتُ هَذِهِ الصُّورَةَ ذَاتَ صَبَاحٍ. كُلُّ شَيْءٍ أَمَامِي كَانَ جَمِيلًا. كَانَ كُلُّ شَيْءٍ فِي انْسِجَامٍ تَامٍّ.
كَانَ أَمَامِي طَرِيقٌ مُسْتَقِيمٌ. هُنَاكَ هِضَابٌ خَضْرَاءُ وَرَاءَ الْحُقُولِ. كَانَتْ هُنَاكَ أَسْيِجَةٌ بِجَانِبِ الطَّرِيقِ.
خَلْفَ الأَسْيِجَةِ تُوجَدُ بَعْضُ أَشْجَارِ الْبُلُّوطِ وَشُجَيْرَاتٌ صَغِيرَةٌ. كَانَتْ أَشْجَارُ الْبَلُّوطِ كَبِيرَةً وَقَوِيَّةً، وَكَانَتْ الشُّجَيْرَاتُ قَصِيرَةً وَمُسْتَدِيرَةَ الشَّكْلِ.

امْتَدَّتْ ظِلَالُ الشُّجَيْرَاتِ عَلَى الطَّرِيقِ وَأَيْضًا عَابِرَةً الطَّرِيقَ وَفَوْقَ السِّيَاجِ إِلَى الْجَانِبِ الْآخَرِ.
كَانَتْ الْهِضَابُ فِي الْخَلْفِ تَتَمَوَّجُ صُعُودًا وَهُبُوطًا بِطَرِيقَةٍ غَيْرِ مُسْتَوِيَةٍ. لَقَدْ كَانَتْ رَائِعَةً حَقًّا. بَدَتْ الْهِضَابُ غَارِقَةً فِي بَحْرِ الضِّبَابِ كَأَنَّهَا نائمة تَحْتَ غِطَاءِ النَّوْمِ.
عِنْدَمَا كُنْتُ أَسِيرُ فِي الطَّرِيقِ، حَاوَلْتُ أَلَّا أَخْطُوَ عَلَى الظِّلِّ. لَمْ أَكُنْ أُرِيدُ أَنْ أُزْعِجَ هَذَا الْمَشْهَدَ السِّحْرِيَّ.

# The Arabic Companion's Guide To Writing

**Task 2:** A good description should contain the following features. Tick (✓) the ones that have been used in Amira's description.

**a** an **interesting introduction** that captures the reader's attention and briefly tells what the description is about ☐

**b** a series of **paragraphs** that describe the subject ☐

**c** interesting **adjectives** ☐

**d** descriptive verbs ☐

**e** similes and metaphors (e.g. تَقِفُ بَعْضُ أَشْجَارِ الْبَلُّوطِ قَوِيَّةً كَالْهَرَمِ الشَّامِخِ وَرَقَصَتْ أَغْصَانُهَا ) ☐

**f** correct **spelling** and **punctuation** ☐

**g** a **conclusion** that contains a final comment or thought about the person, place or thing ☐

**Task 3:** Which adjectives has Amira used to describe:

**a** the appearance of the oak trees أَشْجَارِ الْبَلُّوطِ؟
_____

**b** the appearance of the hills?
_____

**c** her opinion of the hills?
_____

**d** the scene she was looking at?
_____

**Task 4:** Combine the three sentences in the introduction to form a single sentence. Start like this:

في صباح اليوم الذي التقطتُ فيه الصورة كان ... _____
_____
_____
_____

# Describing a scene

## A Step By Step Plan

Amira has written a satisfactory first draft, but she needs to make her description more interesting. Let's do some practice exercises to find ways to do this.

### Step 1: Add interest with figurative language

A **description** (وصف) can be **imaginative** (خيالي). Its aim is to give the reader a clearer and an interesting picture of a person, place or thing, often by using figurative language (لغة مجازية). Often, we use similes and metaphors to achieve this.

اللغة المجازية أو التصوير أو اللون البياني أو الخيال هو عبارة عن استخدام الألفاظ في غير معانيها الحقيقة.

**Similes and metaphors** are a popular figure of speech that compare two things that are unlike each other but have some similar qualities.

For example:

إن الرجل شجاع كالاسد. هي جميلة مثل القمر.

أنا غارق في بحر من الأحزان. أخي يغلي غضبا.

**Task 5:** **To which object can the following most effectively be compared? Circle your choice.**

| | | | |
|---|---|---|---|
| كَانَ أَمَامِي طَرِيقٌ مُسْتَقِيمٌ | كالمسطرة | كالنهر | كالحبل |
| كَانَتْ أَشْجَارُ الْبَلُّوطِ كَبِيرَةً وَقَوِيَّةً | كالجبل | كالحصان | كالهرم |
| كَانَتْ الشُّجَيْرَاتُ قَصِيرَةً وَمُسْتَدِيرَةَ الشَّكْلِ | كالبحر | كالقمر | كالكرة |
| كَانَتْ الْهِضَابُ تَتَمَوَّجُ صُعُودًا وَهُبُوطًا | كأنّها قطار | كأنها أمواج هائلة | كأنّها فيل |

**Personification (التشخيص)** is a form of metaphor in which animals and objects are given human qualities.

من خلال استخدام **التشخيص** في الكتابة، يتمّ إظهار الجمادات وكأنها قادرة على التصرّف كالبشر، فمثلاً عندما نقول في اللغة العربية: "بكَت السماء"، فإننا نعطي السماء القدرة على البكاء، وهي صفة لا يمتلكها سوى البشر.

For example:

The wind **whispered** through the grass — **همست** الريح بين الاعشاب.

The fire **swallowed** the entire forest — **التهمت** النيران الغابة بأكملها.

# The Arabic Companion's Guide To Writing

**Task 6:** Turn the following expressions into metaphorical ones. Rewrite the underlined parts only. For example:

1. قرَأتُ كُتُبَ التاريخ عن أمجاد أُمّتي فشعرت بالفخر.  ←  حدثني التاريخ عن أمجاد أمتي فشعرت بالفخر.
2. كَانَتْ الْهِضَابُ كأمواج البحر الهائج.  ←  _____
3. كانت الْهِضَابُ لا تُرَى بسبب الضّباب.  ←  _____
4. كانت الظِّلَالُ تَمتَدّ من طرف إلى آخر عَبْرَ الطريق.  ←  _____

**Task 7:** Now write a good sentence in Arabic in which you:

**a** give the sky human qualities, e.g. it could be covering something.

_____

**b** give the wheat fields or the tree tops human qualities, e.g. they could be dancing in the wind.

_____

## Step 2: Add interest with descriptive verbs

A **verb** (فِعْل) shows that an **action** is happening, has happened or will happen, and that some verbs are more descriptive and useful than others because they show exactly **how an action is performed**.

For example, in the sentences كَانَتْ الْهِضَابُ تَتَمَوَّجُ صُعُودًا and كَانَتْ الْهِضَابُ تَتَحَرَّكُ صُعُودًا وَهُبُوطًا, the second sentence is **more descriptive** because it gives us a better image of how the hills moved.

Using descriptive verbs can therefore add a great deal of interest and energy to your writing. Descriptive verbs are often used to **personify** objects, as in the example above.

**Task 8:** Below are a number of verbs. Choose the most descriptive one to complete each of the following sentences.

| تَتَرَاقَصُ | تَعْبُرُ | يَشُقُّ | تَنَامُ | تَخْتَبِئُ | تَتَمَوَّجُ |

## Describing a scene

أ. كَانَ أَمَامِي طَرِيقٌ مُسْتَقِيمٌ _____ الحقْلَ إلى نصفيْن.

ب. هُنَاكَ هِضَابٌ خَضْرَاءُ _____ وَرَاءَ الْحُقُولِ.

ج. _____ ظِلَالُ الشُّجَيْرَاتِ الطَّرِيقَ وَأَيْضًا السِّيَاجَ.

د. كَانَتْ الْهِضَابُ _____ صُعُودًا وَهُبُوطًا بِطَرِيقَةٍ غَيْرِ مُسْتَوِيَةٍ.

ه. الْهِضَابُ _____ تَحْتَ غِطَاءِ الضَّبَابِ.

و. _____ سَنَابِلُ الْقَمْحِ مَعَ نَسِيمِ الصَّبَاحِ.

**Task 9:** Below is a text describing a trip to the sea. Complete the description using all what you have learnt so far.

بينما كنت أسير في الطريق _____ باتجاه البحر، اشتدت رائحة المياه _____ وزاد صوت الأمواج _____. كانت الشمس قد بدأت لتوها في الغروب، وألقت ستارا _____ فوق الأفق ورسمت السماء بلون _____ وبرتقالي. كان الهواء دافئًا و_____، مع نسيم _____.

عندما اقتربت من حافة الماء، شعرت بـ _____ تغمرني. امتد البحر أمامي إلى الأفق، جسمًا مائيًّا _____ وغامضًا. كان سطح الماء أشبه بـ _____ _____ يعكس ألوان السماء. كانت الأمواج مثل _____، تقفز نحو الشاطئ ثم تصطدم بالرمل في _____.

عندما اختبأت الشمس تحت الأفق، وألقت السماء بلحافها _____، كان الرمل مثل _____ دافئة تحت قدميّ، والريح مثل _____.

ستبقى ذكريات اليوم معي إلى الأبد مثل صندوق كنز، مليئًا بـ _____ والأصوات و _____ في رحلتي البحرية. في كل مرة أغمض فيها عيني وأفكر في ذلك اليوم، أعود إلى ذلك المكان _____ حيث احتضنتني الطبيعة وشعرت بأنني محظوظ جدًّا.

# The Arabic Companion's Guide To Writing

**Step 3: Writing the final draft**

This is Amira's final draft. Read the comments about the final draft on the right.

التقطت هذه الصورة ذاتَ صَباحٍ لأنه أدهشني الانْسِجَام والجمال المُحيطانِ بي.

كَانَ أَمَامِي طَرِيقٌ مُسْتَقِيم يشقّ حقل القَمح إلى نِصْفَيْن، وَفِي آخره هِضَابٌ خَضْرَاءُ تَخْتَفِي وَرَاءَ الحُقُولِ. كَانَتْ هُنَاكَ أَسْوَارٌ تَحُدُّ الطَرِيقَ تَحْمِي حقل القمح مِمّن يسلكه. خَلْفَ الأَسْوَارِ تَقِفُ بَعْضُ أَشْجَارِ البُلُّوطِ قَوِيَّةً كَالهَرَمِ الشَّامِخِ وتمايلت أغصانُها المتعرِّجةِ برفق في النَّسِيمِ الخَفِيفِ وكانت الشُّجَيْرَاتُ الصَّغِيرَةُ عَلَى حافَتَيْ الحقل عَلَى أهبّة الاسْتِعْدَادِ للترحيب بزُوَّار هذا المكان السَّاحِرِ.

امْتَدَّتْ ظِلَالُ الشُّجَيْرَاتِ عَلَى الطَّرِيقِ وَفَوْقَ السِّيَاجِ تَعْبُرُهُ إِلَى الجانب المُقَابل. وَخَلْفَها كَانَتْ الهِضَابُ تَتَمَوَّجُ صُعُودًا وَهُبُوطًا بِطَرِيقَةٍ غَيْرِ مُسْتَوِيَةٍ. لَقَدْ كَانَتْ رَائِعَةً حَقًّا. بَدَتْ الهِضَابُ كَأَنَّها تَغُوصُ تَحْتَ غِطَاءِ الضَّبَابِ وَتَنَامُ فِي بَحْرِ الأَحْلَامِ. فَوقَها كَانَت السَّمَاءُ الصَّافِية قُبَّةً زَرْقَاءَ لِبِنَاءٍ عَظِيمٍ.

بينما كُنتُ أسير في الطريق، حَاوَلْتُ أَلَّا أَخْطُوَ عَلَى الظِّلِّ. لَمْ أَكُنْ أُرِيدُ أَنْ أُزْعِجَ هَذَا الْمَشْهَدَ السِّحْرِيَّ.

---

تخبر المقدمة بإيجاز عَن موضوع الوصف.

يساعد إدراج صورة المشهد الموصوف في تركيز انتباه القارئ.

استخدام النعوت والصفات يضيف الاهتمام إلى الوصف.

يساعد استخدام لغة المجاز القارئ على تصور ما يتم وصفه.

استخدام التجسيد يجلب الأشياء الجامدة إلى الحياة.

الانهاء بتعليق أو برأي عن المكان يختتم الوصف بطريقة جيدة.

# Describing a scene

## Your turn

**Task 10:** Write a description of about a page of one of the following.

- Describe a photograph that you particularly like.
- Write a description of one of the photographs below.

..................................................................................................................................................
..................................................................................................................................................
..................................................................................................................................................
..................................................................................................................................................
..................................................................................................................................................
..................................................................................................................................................
..................................................................................................................................................
..................................................................................................................................................
..................................................................................................................................................

# The Arabic Companion's Guide To Writing

## 10    Describing a person وصف شخص

A description of a person gives your reader a clear picture of a person. It is usually part of another text. In a narrative, it helps tell your story.

**Task 1:** Which sentence gives the clearer description of the person? Tick (✓) the correct answer.

☐ كان الرّجل يتوجّع من آلام في بطنه فذهب إلى المستشفى طالبًا التخفيف من آلامه.

☐ كان الرّجل المُسنّ يقود سيارته بهدوء تام.

Amira, this time, needs to write a description of one of her family members as assignment. She starts by looking at a photo of her brother. Then she writes words and phrases to describe Ayman around the photo.

- طويل ونحيف
- شعر أسود
- لحية خفيفة
- ذكي جدًّا
- يدرس بِجِدّ
- يرتدي ملابس أنيقة 
- سيصبح طبيبا
- كريم
- يمارس الرياضة
- له روح الدُّعابة
- موهوب في كرة القدم

# Describing a person

**Task 2:** Amira has used lots of adjectives to describe his brother.

a List four adjectives that help to describe Ayman's appearance.

..................................................................................................................................

b List four adjectives that describe what kind of person Ayman is.

..................................................................................................................................

**Task 3:** Which two things does Ayman most likely do in his spare time?

..................................................................................................................................

..................................................................................................................................

## Description of character

| Bright | مُتَألِّق | Reliable | تَعْتَمِدَ عَلَيْهِ |
| Cheery | مُبْتَهِج | Rich | غَنِيٌّ |
| Courageous | شُجَاع | Smart | ذَكِيٌّ |
| Funny | مُضْحِك | Sociable | اِجْتِمَاعِيّ |
| Kind | طَيِّب | Spontaneous, impulsive | عَفْوِيّ |
| Modest | مُتَوَاضِع | Stubborn | عَنِيد |
| Nice | لَطِيف | Studious | مُجْتَهِد |
| Patient | صَبُور | Talented | مَوْهُوب |
| Polite | مُهَذَّب | Unique, distinctive | فَرِيد |

**Task 4:** Write the Arabic adjective to correspond to the underlined English words:

1. Sami does not think about what he says. He always acts <u>with impulse</u>. ........................
2. Kareem is a very <u>bright</u> young man. ........................
3. Van Gogh has a <u>distinctive</u> style of painting. ........................
4. The monks were known for their <u>modest</u> ways. ........................
5. Ali never asks a woman about her age. He is so <u>polite</u>. ........................

# The Arabic Companion's Guide To Writing

## Physical description

| Age - السِّنُّ | Complexion - البَشَرَة | Build - البِنْيَة | Hair - الشَّعر | Height - الطُّول |
|---|---|---|---|---|
| صَغيرُ السِّنّ | قَمْحِية | سَمينٌ x نَحيفٌ | مُجَعَّدٌ x أَمْلَسُ | طَويل x قَصير |
| في مُنْتَصِف الْعُمْرِ | سَمْراء | سَمينٌ = بَدينٌ | كَثٌّ x خَفيفٌ | مُتَوسِّط الطُّول |
| كَبيرُ السِّنّ | بَيْضاء | مُسْتَديرُ الجِسْمِ | أَشْقَر | رَشيقُ القامَة |
| طِفْلٌ | سَوْداء (داكِنَة) | قَويٌّ x ضَعيف (الْجِسْمِ) | أَصْهَب | |
| مُراهِقٌ | شاحِبة اللَّوْن (فاتِحَة) | عَريضُ الكَتِفَيْنِ | دُهْنِيّ | |
| شابٌّ | | قَوِيُّ العَضَلاتِ | مُمَوَّج | |
| عَجوزٌ | | | أَصْلَع | |

## Writing the first draft

This is Amira's first draft. Read what she wrote and then answer the questions.

> سَأَصِفُ أَخي أَيْمَنَ. أَيْمَن يَبْلُغُ مِنَ الْعُمْرِ عِشْرونَ سَنَةً. لَدَيْهِ شَعْرٌ أَسْوَدُ وَأَمْلَسُ. هُوَ طَويلُ الْقامَةِ وَنَحيفٌ. يَرْتَدي مَلابِسَ أَنيقَةً. يَذْهَبُ إِلى الْجامِعَةِ.
> سَيَكونُ طَبيبًا. إِنَّهُ ذَكِيٌّ جِدًّا. يَدْرُسُ بِجِدٍّ. يَحْظى بِشَعْبِيَّةٍ لَدى أَصْدِقائِهِ. إِنَّهُ كَريمٌ. لَدَيْهِ روحُ الدُّعابَةِ. يَذْهَبُ إِلى صالَةِ الْأَلْعابِ الرِّياضِيَّةِ كُلَّ يَوْمٍ. هُوَ يُحِبُّ اَنْ يَلْعَبَ كُرَةَ الْقَدَمِ.

**Task 5:** Which features has Amira used in her draft? Tick (✓) the correct answers.

a an **introduction** (مُقدّمة) to get her reader's attention ☐

b **paragraphs** to describe her brother ☐

c **adjectives** (نُعوت) that describe her brother ☐

d present-tense **verbs** (أفعال في زمن الحاضر) ☐

e **connectives** (أدوات ربْط) to **link** ideas and make her writing **flow** ☐

f sentences that have the correct **punctuation** and **spelling** ☐

g a **conclusion** (خاتمة) that includes her final comment or thought about her brother ☐

# Describing a person

## Step by step plan

Let's improve the description.

### Step 1: Start with a good introduction

The **introduction** is the opening paragraph. It should **grab** your reader's **attention** (تَشُدُّ انْتِبَاه) and make him or her want to carry on reading the rest of your description.

**Task 6:** Use these phrases to complete the paragraph below.

| الأخ المثاليّ | أكبر رائع | قَرِيبِينَ مِن بعضهم البعض | محظوظة |

يكون الأخوة والأخوات _____، يتشاركون كل شيء منذ بداية الحياة، وهذا الشيء لا مَفَرَّ منه. وإن كنت سأتحدث عن _____ فسأبدأ بأخي أيْمَن. فَلَدَيَّ أخ أكبر _____ وَأَنَا _____ جِدًّا.

### Step 2: Link ideas with connectives

See Unit 6

**Connectives** (أدوات الرَّبْط) are words like وَ, لَكِن and لِذلِكَ. They link:
- words and phrases in sentences.
- two or more clauses or sentences to make one sentence.

Connectives make our writing **flow** (كتابة سَلِسَة). They also let us **add detail** to sentences.

**Task 7:** Match these sentence beginnings and endings. Shade the parts that belong together the same colour.

| | | | |
|---|---|---|---|
| أ. | أيْمَن طويل ونحيف وَ | | هو أيضا يعمل بجِدٍّ. |
| ب. | يدرس أيْمَن ليكون طبيبا لذلك | | يذهب إلى صالة الألعاب الرياضية كل يوم. |
| ج. | أيْمَن رياضيّ جدا لِأنّه | | لديه شعر أسود وَأَمْلس. |
| د. | أيْمَن ذكيّ جدا ولكن | | يُنهي دراسته الجامعية. |
| ه. | سيسكن أيْمَن في البيت معنا حتى | | لا يزال في الجامعة. |

# The Arabic Companion's Guide To Writing

**Task 8:** Complete the sentences below with the correct connectives from the brackets.

أ. (لأن، على الرغم من أنّ، لكن) _____ أيْمَن لديه الكثير من الواجبات الجامعيّة التي يجب القيام بها، فهو يُوَفِّر الوقت للعب كرة القدم.

ب. أحضر دائمًا وأُشجّعُ أيْمن (بيْنَمَا، حتى، عندما) _____ يلعب مباراة كرة قدم.

ج. يذهب أيْمَن إلى صالة الألعاب الرياضية كل صباح، (حتى، لذلك، إذا كان) _____ يحافظَ على لياقته البدنيّة.

## Step 3: Use present tense verbs

In general, use the **present tense** (زَمَن الحاضر - المُضارع) to describe actions and states of being that are **still true** in the present.

<u>يذهب</u> إلى صالة الألعاب الرياضية.        <u>يلعب</u> مباراة كرة قدم.

<u>يساعدني</u> في دراستي.        <u>يحافظ</u> على لياقته البدنيّة.

## Step 4: End with a good conclusion

The **conclusion** is the last paragraph. It should contain a final **comment** (تعليق ختاميّ) about the person, place or thing you have described.

**Task 9:** Use these words and phrases to complete the paragraph below.

| الصفات الجميلة | معجبة بـ | قُدْوَتي | مِثْلَ |

كَم أحبّك يا أخي لديك الكثير من _____. أنا _____ أخي لأنه ذكي وطيّب للغاية. أنا أعمل بجد في المدرسة حتى أتمكّنَ في يوم من الأيام من الذهاب إلى الجامعة وأصبحَ طبيبةً _____ أيْمَن. هو _____ في الحياة!

# Describing a person

## Step 5: Writing the final draft

This is Amira's final draft. Read the comments about the final draft on the right.

| | |
|---|---|
| يَكُونُ الْأُخُوَّةُ وَالْأَخَوَاتُ قَرِيبِينَ مِنْ بَعْضِهِمِ الْبَعْضِ، يَتَشَارَكُونَ كُلَّ شَيْءٍ مُنْذُ بِدَايَةِ الْحَيَاةِ، وَهَذَا الشَّيْءُ لَا مَفَرَّ مِنْهُ. وَإِنْ كُنْتُ سَأَتَحَدَّثُ عَنِ الْأَخِ الْمِثَالِيِّ فَسَأَبْدَأُ بِأَخِي أَيْمَنَ. فَهُوَ أَخٌ رَائِعٌ وَأَنَا مَحْظُوظَةٌ جِدًّا. | مقدمة تجذب انتباه القارئ. |
| أَيْمَنُ يَبْلُغُ مِنَ الْعُمْرِ عِشْرُونَ سَنَةً وَهُوَ طَوِيلٌ وَنَحِيفٌ وَلَدَيْهِ شَعْرٌ أَسْوَدُ وَأَمْلَسُ. هُوَ يَدْرُسُ لِيَكُونَ طَبِيبًا لِذَلِكَ لَا يَزَالُ يُوَاصِلُ دِرَاسَتَهُ فِي الْجَامِعَةِ. أَيْمَنُ ذَكِيٌّ جِدًّا وَلَكِنْ هُوَ أَيْضًا يَعْمَلُ بِجِدٍّ. بِالْإِضَافَةِ إِلَى ذَلِكَ، أَيْمَنُ رِيَاضِيٌّ جِدًّا لِأَنَّهُ يَذْهَبُ إِلَى صَالَةِ الْأَلْعَابِ الرِّيَاضِيَّةِ كُلَّ يَوْمٍ حَتَّى يُحَافِظَ عَلَى لِيَاقَتِهِ الْبَدَنِيَّةِ. | الصفات (نُعُوت) التي تصف أخيها. |
| | أفعال بصيغة المضارع (أفعال في زمن الحاضر). |
| عَلَى الرَّغْمِ مِنْ أَنَّ أَيْمَنَ لَدَيْهِ الْكَثِيرُ مِنَ الْوَاجِبَاتِ الْجَامِعِيَّةِ الَّتِي يَجِبُ الْقِيَامُ بِهَا، فَهُوَ يُوَفِّرُ الْوَقْتَ لِمُمَارَسَةِ هِوَايَاتِهِ. وَأَنَا أَحْضُرُ دَائِمًا وَأُشَجِّعُهُ عِنْدَمَا يَلْعَبُ مُبَارَاةَ كُرَةِ قَدَمٍ. وَزِدْ عَلَى ذَلِكَ أَيْمَنُ يُسَاعِدُنِي فِي دِرَاسَتِي كُلَّمَا احْتَجْتُ لِلْمُسَاعَدَةِ. سَيَسْكُنُ أَيْمَنُ فِي الْبَيْتِ مَعَنَا حَتَّى يُنْهِيَ دِرَاسَتَهُ الْجَامِعِيَّةَ وَبِالْأَكِيدِ سَوْفَ أَفْتَقِدُهُ عِنْدَمَا يُغَادِرُنَا لِلْعَيْشِ فِي مَكَانٍ آخَرَ. | أدوات ربط لربط الأفكار وجعل كتاباتها سلسة. |
| | فقرات لوصف أخيها. |
| كَمْ أُحِبُّكَ يَا أَخِي لَدَيْكَ الْكَثِيرُ مِنَ الصِّفَاتِ الْجَمِيلَةِ. أَنَا مُعْجَبَةٌ بِأَخِي لِأَنَّهُ ذَكِيٌّ وَطَيِّبٌ لِلْغَايَةِ. أَنَا أَعْمَلُ بِجِدٍّ فِي الْمَدْرَسَةِ حَتَّى أَتَمَكَّنَ فِي يَوْمٍ مِنَ الْأَيَّامِ مِنَ الذَّهَابِ إِلَى الْجَامِعَةِ وَأُصْبِحَ طَبِيبَةً مِثْلَ أَيْمَنَ. هُوَ قُدْوَتِي فِي الْحَيَاةِ! | خاتمة تتضمَّن تعليقها النهائي أو رأيها في أخيها |

## Your turn

**Task 10:** Write a description of about a page of one of the following.

- Write a description of someone you know well.
- Write a description of someone famous whom you admire.

# 11 Writing a narrative الكتابة السردية

A **narrative** (سرد) tells a story about a real or imaginary event in an **entertaining** (مُسلّي) and interesting way. There are many different kinds of narratives, like fairy tales, mysteries and fantasy stories (الحكايات الخرافية والألغاز والقصص الخيالية).
A narrative should have:

* an **orientation / beginning** (بداية، مقدّمة), that tells your reader **who** (مَن), **where** (أيْن), **when** (مَتَى) and **what** (ماذَا).
* a build-up to a **complication** (تعْقيد) or **problem** (مُشكلة) that has to be **resolved** (حلُّها).
* a **series of events** (سلسلة أحداث) that result from the **complication**.
* an **ending** (نهاية) or **resolution** (حلّ), in which the problem is **solved**.

Read the following short **narrative** and then answer the question.

**رحلة إلى وادي دجلة**

فِي صَبَاحِ يَوْمٍ مُشْمِسٍ ذَهَبْتُ فِي رِحْلَةٍ إِلَى الْمُخَيَّمِ لِمَحْمِيَّةِ وَادِي دِجْلَةَ.

فِي الْبِدَايَةِ كُنَّا مُتَحَمِّسِينَ جِدًّا وَاسْتَمْتَعْنَا بِمُشَاهَدَةِ الصُّخُورِ الْحَجَرِيَّةِ وَمُرَاقَبَةِ الطُّيُورِ الْمُهَاجِرَةِ.

وَشَاهَدْنَا اَلسَّلَاحِفَ اَلْبَحْرِيَّةَ اَلْمُهَدَّدَةَ بِالِانْقِرَاضِ، وَالْتَقَطْنَا اَلصُّوَرَ اَلتِّذْكَارِيَّةَ.

وَبَعْدَ ذَلِكَ، بَدَأْنَا تَجْهِيزَ حَفْلِ الشِّوَاءِ وَاشْتَدَّتْ أَشِعَّةُ الشَّمْسِ. وَاكْتَشَفْتُ أَنِّي نَسِيتُ قُبَّعَتِي فِي الْبَيْتِ. فَبَدَأْتُ أَشْعُرُ بِالْإِرْهَاقِ وَالتَّعَرُّقِ. وَاحْمَرَّ وَجْهِي بِشِدَّةٍ.

وَفَجْأَةً شَعَرْتُ بِدُوَارٍ شَدِيدٍ وَلَمْ أَسْتَطِعِ الْوُقُوفَ. أَسْرَعْتُ إِلَيَّ زُمَلَائِي، وَأَخَذَنِي قَائِدُ الْفَرِيقِ إِلَى الْخَيْمَةِ لِأَشْرَبَ الْمَاءَ، وَوَضَعَ لِي كَمَّادَاتٍ بَارِدَةً عَلَى رَأْسِي.

وَأَخِيرًا، هَدَأْتُ وَشَعَرْتُ بِالتَّحَسُّنِ، وَأَرَدْتُ الْعَوْدَةَ لِحَفْلِ الشِّوَاءِ، لَكِنَّ الْقَائِدَ نَصَحَنِي بِالِانْتِظَارِ حَتَّى تَغِيبَ الشَّمْسُ، وَتَنْخَفِضَ دَرَجَةُ الْحَرَارَةِ قَلِيلًا.

فِي الرِّحْلَةِ الْمُقْبِلَةِ سَأَرْتَدِي الْمَلَابِسَ الْقُطْنِيَّةَ الْخَفِيفَةَ وَأَشْرَبُ الْكَثِيرَ مِنْ الْمَاءِ. وَلَنْ أَنْسَى قُبْعَتِي أَبَدًا.

# Writing a narrative

**Task 1: Complete the grid below with the information about the short narrative.**

**a** What is the story about? (الحدث) ..............................................................

**b** Where does the story take place? (أين حدث؟) ..............................................................

**c** When does the story take place? (متى حدث؟) ..............................................................

**d** The opening sentence (الجملة الإفتتاحيّة): ..............................................................

**e** The build-up (قبل الحدث): ..............................................................

**f** The complication (المُشكلة): ..............................................................

**g** The resolution (الحلّ): ..............................................................

**h** The conclusion (النهاية): ..............................................................

**i** The connectives used (أدوات الربط): ..............................................................

## Planning the draft

Now the students have to build a narrative around an event. We are going to write about a boy who overcame his fear of learning to ride a bicycle. We start by planning our narrative.

**حدث شيّق:** اسْتَمْتَعَ الْجَميعُ بِرُكوبِ الدَّرّاجَةِ بِاسْتِثْناءِ أَيْمَنَ.

**الشخصيّات:** أيمن - الأب - الجدّ - الأصدقاء.

**الزّمان:** في الثامنة من العمر.

**المكان:** في بيْت أيمن - حديقة البيْت.

**العقدة:** أيمن لا يستطيع ركوب الدرّاجة. سخرية الأصدقاء منه. أيمن لا يريد مُواجهة خوفه.

**سلسلة الأحداث:** سخرية الأصدقاء من أيْمن - هديّة عيد الميلاد - الأب والجدّ يتحدّثان عن درّاجة أيمن وخوفه منها - خيبة أمل الجدّ

**نقطة التحوّل في القصّة:** أيمن يُحِسّ بالحَرَجِ. يقرّر تعلّم ركوب الدرّاجة. عَزْم أيمن علَى المُحاولة والنّجاح.

**الحلّ:** أخيرا، أيمن ينجح في التعلُّم والتغلّب علَى خوفه.

# The Arabic Companion's Guide To Writing

## Writing the first draft

حَصَلَ أَيْمَنُ عَلَى دَرَّاجَةٍ كَهَدِيَّةِ عِيدِ مِيلَادٍ عِنْدَمَا بَلَغَ الثَّامِنَةَ مِنَ الْعُمْرِ. لَمْ يَتَعَلَّمْ أَيْمَنُ أَبَدًا رُكُوبَ الدَّرَّاجَاتِ. لِذَا نَظَرَ إِلَيْهَا وَلَمْ يَقْتَرِبْ مِنْهَا.

وَذَاتَ صَبَاحٍ بَعْدَ شَهْرَيْنِ، سَمِعَ أَيْمَنُ جَدَّهُ وَأَبَاهُ يَتَحَدَّثَانِ. قَالَ الْجَدُّ أَنَّهُ مُؤْسِفٌ أَنْ يَبْلُغَ أَيْمَنُ ثَمَانِي سَنَوَاتٍ مِنَ الْعُمْرِ وَلَا يَسْتَطِيعُ رُكُوبَ الدَّرَّاجَةِ. قَالَ أَبُوهُ أَنَّهُمْ أَهْدَوْهُ وَاحِدَةً فِي عِيدِ مِيلَادِهِ لَكِنَّهُ كَانَ خَائِفًا مِنْ رُكُوبِهَا. هَذَا جَعَلَ أَيْمَنَ يُحِسُّ بِالْحَرَجِ! فَقَرَّرَ أَيْمَنُ أَنْ يَتَعَلَّمَ رُكُوبَ تِلْكَ الدَّرَّاجَةِ! لَبِسَ خُوذَتَهُ وَذَهَبَ إِلَى الْحَدِيقَةِ وَبَدَأَ يَتَدَرَّبُ عَلَى رُكُوبِهَا. حَاوَلَ رُكُوبَهَا أَكْثَرَ مِنْ مَرَّةٍ وَلَكِنَّهُ سَقَطَ فِي كُلِّ مَرَّةٍ. اسْتَمَرَّ هَذَا لِبَعْضِ الْوَقْتِ. كَانَ أَيْمَنُ مَلِيئًا بِالْكَدَمَاتِ وَالْخُدُوشِ، لَكِنَّهُ لَمْ يَسْتَسْلِمْ.

بَعْدَ أَنْ حَاوَلَ آلَافَ الْمَرَّاتِ، تَعَلَّمَ فِي النِّهَايَةِ الْحِفَاظَ عَلَى تَوَازُنِهِ. يُمْكِنُهُ أَخِيرًا رُكُوبُ الدَّرَّاجَةِ! لَقَدْ تَغَلَّبَ عَلَى خَوْفِهِ.

**Task 2:** A good narrative should contain the following features. Tick (✓) the ones used in the draft.

a an **interesting event** (حدث شيّق) that draws the reader in ☐

b an **orientation / beginning** (بداية، مقدّمة), that tells your reader **who** (مَن), **where** (أيْن), **when** (مَتَى) and **what** (ماذَا). ☐

c a **complication** (تأزّم) or problem that has to be solved ☐

d a **series of events** (سلسلة أحداث), divided into paragraphs ☐

e a **resolution** (حلّ) that shows how the problem is solved and wraps up the story ☐

f **past-tense verbs** (أفعال في زمن الماضي) (.e.g حَصَلَ, سَخِرَ) ☐

g **descriptive verbs** (أفعال ذات طابع وصفي) (.e.g هَرْوَلَ عوضا عن ذهَبَ) ☐

h **figurative language** (لغة مجازيّة) (.e.g كانت الدرّاجة وَحْشًا لابدّ من ترْويضِه) ☐

i **interesting information** (معلومات ذو أهمّية) and detail about the events ☐

# Writing a narrative

## Step by step improvement plan

Let's improve the beginning.

**Step 1: Start with a good hook**

An **interesting event** (حدث شيّق) is an event that draws the reader in. We should add a fact or an event that happened to attract the attention and interest of the reader. This should be something that might be shared by most readers or something that affects their life.

**Task 3:** Choose which 'hook' might attract and involve the reader more to be a good start to the narrative text.

☐ حَصَلَ أَيْمَنَ عَلَى دَرَّاجَةٍ فِي عِيدِ مِيلَادِهِ. كَانَتِ الدَّرَّاجَةُ جَدِيدَةً وَجَمِيلَةً. أَرَادَ أَيْمَنُ أَنْ يَتَعَلَّمَ رُكُوبَ الدَّرَّاجَةِ بِمَا أَنَّهُ لَمْ يُحَاوِلْ رُكُوبَ الدَّرَّاجَاتِ مِنْ قَبْلُ.

☐ حَصَلَ مُنِيرُ صَدِيقُ أَيْمَنَ عَلَى دَرَّاجَةٍ فِي عِيدِ مِيلَادِهِ. سَمَحَ مُنِيرٌ لِلْجَمِيعِ بِرُكُوبِهَا فِي حَفْلَتِهِ. اسْتَمْتَعَ الْجَمِيعُ بِرُكُوبِ الدَّرَّاجَةِ بِاسْتِثْنَاءِ أَيْمَنَ، فَهُوَ لَمْ يَتَعَلَّمْ أَبَدًا رُكُوبَ الدَّرَّاجَاتِ وَسَخِرَ مِنْهُ الْأَوْلَادُ الْآخَرُونَ.

☐ هُنَاكَ الْكَثِيرُ مِنَ الْأَطْفَالِ الَّذِينَ لَا يَسْتَطِيعُونَ رُكُوبَ الدَّرَّاجَاتِ فِي سِنِّ الثَّامِنَةِ وَأَيْمَنُ أَحَدُ هَؤُلَاءِ الْأَطْفَالِ.

**Step 2: Add colour with figurative language**

**Figurative language** (لغة مجازية) includes figures of speech like **similes**, **metaphors** and **personification**, which you learnt about before.

The bicycle is at the centre of the narrative text. How could you add imagery to make the story more interesting?

- **الدَّرَّاجَة:** مصدر خَوف وارتباك ← مِثْلَ وَحْشٍ مُخِيفٍ.

- **رُكُوبُ الدَّرَّاجَةِ:** التدرُّبُ عَلَى رُكُوبِهَا ← مِثْلَ تَرْوِيضِ هَذَا الوَحْشِ.

# The Arabic Companion's Guide To Writing

**Task 4:** Now, add more of your own examples to use in your text.

خَوْذَة: ..................................................

الْكَدَمَات وَالْخُدُوش: ..................................................

النَّجَاح في رُكوب الدرَّاجَة: ..................................................

**Task 5:** Complete each of the following sentences with a simile. Use the comparisons above to help you.

بَقِيَت الدرَّاجَة في الحَديقة كَأَنَّها ..................................................

كَانَ أَيْمَنُ مُغَطًّى بِالْكَدَمَاتِ وَالْخُدُوشِ كَأَنَّها ..................................................

## Step 3: Add some dialogue to the narrative

A **dialogue** (حِوَار) drives a story's plot forward and can also help charge scenes with emotion, heightening tension between characters or building suspense (التَّشْويق) ahead of a key event or turning point in the plot.

**Task 6:** If Ayman were to add some dialogue to his narrative, what might he have added?

1. What might his grandfather's exact words have been that made Ayman embarrassed?

| ☐ | ☐ | ☐ |
|---|---|---|
| هناك الكثير من الأطفال الذين لا يستطيعون ركوب الدرّاجات في هذا السنّ. | هذا مُؤسف حقًّا. في هذا السِنّ يجب عليه القدرة على ركوب الدرّاجة كَباقي الأطْفال! | هذا عادي. إن ذلك لَمَسْألة وقت فقط. |

2. What might Ayman's father have said?

..................................................

3. Imagine Ayman wanted to show his father and grandfather that he could ride a bike. What might he have said to them?

..................................................

## Step 4: Add interest with descriptive verbs

Now, we need to find a more descriptive verb to replace each underlined one in the following sentences.

**Task 7: Choose the most descriptive verbs from the box.**

| | | | | |
|---|---|---|---|---|
| عَقَدَ العَزْمَ | يَفِيضُ | ضَحِكَ | تَأَمَّلَ فِيهَا | أُصِيبَ |

أ. سَخِرَ ................................ مِنْهُ الْأَوْلَادُ الْآخَرُونَ.

ب. لِذَا نَظَرَ إِلَيْهَا ................................ وَلَمْ يَقْتَرِبْ مِنْهَا.

ج. أَحَسَّ ................................ وَالِدُهُ بِخَيْبَةِ أَمَلٍ.

د. هَذَا جَعَلَ أَيْمَنَ يُحِسُّ بِالْحَرَجِ ................................!

ه. فَقَرَّرَ ................................ أَيْمَنُ أَنْ يَتَعَلَّمَ رُكُوبَ تِلْكَ الدَّرَّاجَةِ!

## Step 5: Add variety with short and long sentences

In a narrative, using a series of **short sentences** helps to create a sense of excitement.

For example:

جَلَسَ أيْمن على سرج الدرَّاجةِ. أَبْقَى قَدَمَه اليُسْرَى عَلَى الأَرض. ضَغَطَ عَلَى الدَوَّاسَة بِقَدَمِه اليُمنى. فجأة بَدَأَ يَتَقَدَّمُ إِلَى الأمَام!

**Longer sentences**, on the other hand, flow better and allow you to include more detail.

For example:

جَلَسَ أيْمن على سرج الدرَّاجةِ، تَارِكًا قدمه اليُسْرَى عَلَى الأَرض ثُمَّ ضَغَطَ عَلَى الدَوَّاسَة بِقَدَمِه اليُمنى فَبَدَأَ يَتَقَدَّمُ إِلَى الأمَام!

Using a mixture of short and long sentences adds variety to your narrative and stops your reader from getting bored.

# The Arabic Companion's Guide To Writing

**Step 6: Writing the final draft**

This is the final draft. Read the comments about the final draft on the right.

## أَيْمَن يَتَغَلَّب عَلَى الوَحْشِ

حصَلَ مُنيرٌ صَديقُ أَيْمَنَ عَلَى دَرَّاجَةٍ في عيدِ ميلادِهِ. سَمَحَ مُنيرٌ للجَميعِ بِرُكوبِها في حَفْلَتِهِ. اسْتَمْتَعَ الجَميعُ بِرُكوبِ الدَّرَّاجَةِ بِاسْتِثْناءِ أَيْمَنَ، فَهُوَ لَمْ يَتَعَلَّمْ أَبَدًا رُكوبَ الدَّرَّاجاتِ وَضَحِكَ مِنْهُ الأَوْلادُ الآخَرونَ. كانَ مُحْرَجًا جِدًّا وَكَرِهَ الدَّرَّاجاتِ بَعْدَ ذَلِكَ.

ثُمَّ حَصَلَ أَيْمَنُ عَلَى دَرَّاجَةٍ كَهَدِيَّةِ عيدِ ميلادٍ عِنْدَما بَلَغَ الثّامِنَةَ مِنَ العُمْرِ. تَذَكَّرَ أَيْمَنُ كَيْفَ كانَ الأَوْلادُ يَسْخَرونَ مِنْهُ في حَفْلَةِ مُنيرٍ، لِذا تَأَمَّلَ فيها وَلَمْ يَقْتَرِبْ مِنْها. رَأَى أَيْمَنُ الدَّرَّاجَةَ كَوَحْشٍ مُخيفٍ صَعْبٍ تَرْويضُهُ. أُصيبَ والدُهُ بِخَيْبَةِ أَمَلٍ.

وَذاتَ صَباحٍ بَعْدَ شَهْرَيْنِ، سَمِعَ أَيْمَنُ جَدَّهُ وَأَباهُ يَتَحَدَّثانِ. قالَ الجَدُّ: "إِنَّهُ مِنَ المُؤْسِفِ أَنْ يَبْلُغَ أَيْمَنُ ثَمانِيَ سَنَواتٍ مِنَ العُمْرِ وَلا يَسْتَطيعَ رُكوبَ الدَّرَّاجَةِ." قالَ أَبوهُ: "لَقَدْ أَهْدَيْناهُ واحِدَةً في عيدِ ميلادِهِ لَكِنَّهُ كانَ خائِفًا مِنْ رُكوبِها. يا لَيْتَهُ يَتَخَلَّى عَنْ خَوْفِهِ فَهَذا غَريبٌ حَقًّا." هَذا جَعَلَ أَيْمَنَ يَفيضُ حَرَجًا! فَعَقَدَ أَيْمَنُ العَزْمَ أَنْ يَتَعَلَّمَ رُكوبَ تِلْكَ الدَّرَّاجَةِ! لَبِسَ خوذَتَهُ كَفارِسٍ يَسْتَعِدُّ للمَعْرَكَةِ وَذَهَبَ إِلَى الحَديقَةِ وَبَدَأَ يَتَدَرَّبُ عَلَى رُكوبِها. جَلَسَ أَيْمَنُ عَلَى سَرْجِ الدَّرَّاجَةِ، تارِكًا قَدَمَهُ اليُسْرى عَلَى الأَرْضِ ثُمَّ ضَغَطَ عَلَى الدَّوَّاسَةِ بِقَدَمِهِ اليُمْنى فَبَدَأَ يَتَقَدَّمُ إِلَى الأَمامِ! سَقَطَ في المَرَّةِ الأولى الّتي حاوَلَ فيها ذَلِكَ. حاوَلَ مَرَّةً أُخْرى وَسَقَطَ. اسْتَمَرَّ هَذا لِبَعْضِ الوَقْتِ. كانَ أَيْمَنُ مُغَطَّى بِالكَدَماتِ والخُدوشِ كَفَريسَةٍ صارَعَتْ مُفْتَرِسَها، لَكِنَّهُ لَمْ يَسْتَسْلِمْ.

بَعْدَ أَنْ حاوَلَ آلافَ المَرّاتِ، تَعَلَّمَ في النِّهايَةِ الحِفاظَ عَلَى تَوازُنِهِ. يُمْكِنُهُ الآنَ رُكوبُ الدَّرَّاجَةِ! لَقَدْ تَغَلَّبَ عَلَى خَوْفِهِ وَعَلَى ذَلِكَ الوَحْشِ المُخيفِ.

---

عنوان يشُدُّ انتباه القارئ.

مقدمة تشُدُّ انتباه القارئ.

تقديم الأشخاص، الزمان والمكان.

العقدة - التأزّم

استعمال اللغة المجازيّة.

استعمال الحوار.

استعمال الأفعال ذات الطابع الوَصْفِيّ.

التّناوب في استعمال الجُمَل القصيرة والمُتَسَلْسِلَة.

الحَلّ والعِبْرَةُ من القِصَّةِ.

# Writing a narrative

## Your turn

**Task 8:** Build a narrative around one of the following situations. You may change the characters' names if you wish.

- Amal accidentally gets locked in a small, dark room. Write about how it happened, how Amal reacted and how the problem was resolved.

- بَيْنَمَا كُنْتَ تَدْرُسُ هَبَّتِ الرِّيَاحُ وَتَحَوَّلَتْ إِلَى عَاصِفَةٍ. قُطِعَ التَّيَّارُ الْكَهْرَبَائِيُّ عَنِ الْمَنَازِلِ، وَلَمْ تَتَمَكَّنْ مِنَ الْقِيَامِ بِمَا خَطَّطْتُ لَهُ. اخْتَلَطَتِ الْمَشَاعِرُ فِي نَفْسِكَ. وَلَكِنَّكَ فِي النِّهَايَةِ اتَّخَذْتَ قَرَارًا لِلتَّغَلُّبِ عَلَى هَذِهِ الْمُشْكِلَةِ الطَّارِئَةِ. اكْتُبْ نَصًّا سَرْدِيًّا تُوَضِّحُ فِيهِ هَذَا الْمَوْقِفَ.

- تَرَكَ عَزِيزٌ حَقِيبَتَهُ الْمَدْرَسِيَّةَ، الَّتِي تَحْتَوِي عَلَى مُعْظَمِ كُتُبِهِ الْمَدْرَسِيَّةِ فِي الْحَافِلَةِ. اكْتُبْ عَنْ كَيْفِيَّةِ حُدُوثِ ذَلِكَ، وَكَيْفَ كَانَ رَدُّ فِعْلِ عَزِيز وَكَيْفَ تَمَّ حَلُّ الْمُشْكِلَةِ.

...........................................................................................................
...........................................................................................................
...........................................................................................................
...........................................................................................................
...........................................................................................................
...........................................................................................................
...........................................................................................................
...........................................................................................................
...........................................................................................................
...........................................................................................................
...........................................................................................................
...........................................................................................................
...........................................................................................................
...........................................................................................................
...........................................................................................................

# The Arabic Companion's Guide To Writing

## 12 — Writing an instructional text كتابة نص توجيهيّ

Some examples of non-fiction texts are newspaper articles, adverts, biographies and texts that give instructions.

**Instruction** texts (نصوص توجيهيّة) tell the reader **how to** (طريقة) do something, like how to cook a meal or how to build a chair. They must be **written clearly** (لغة بسيطة وَوَاضحة) so the reader can easily understand each **step** (خُطوات).
An instruction text should have:

* A **title** (عنوان) saying what the instructions are about.
* A short **introduction** (مُقدّمة) explaining what the instructions are going to help the reader make or create.
* A list of **instructions** (تعْليمات، توْجيهات).
* It is also important to write down the **different steps** on what to do in **chronological order** (تسلسل زمني) (the order in which they happen) and to number each step.

**Task 1:** Which features are specific to the instructional text? Tick (✓) the correct answer.

☐ لابد أن يتكون من جمل بسيطة وقصيرة للغاية.

☐ يكون محتوى النص الإجرائي إما يعبر عن كيفية إصلاح أمرًا ما، أو شرح كيفية التصرف في موقف ما أو كيفية تجميع شيئًا ما، على سبيل المثال، كيفية التسجيل بالكليات.

☐ الجمل تحتوي على الكلمات السهلة الواضحة الخالية من أي تعقيد لغوي أو مصطلحات علمية لا يفهمها البعض.

☐ يتم وضع الصور التوضيحية وإذا تطلب الأمر بعض الرسومات البيانية التي تساعد الجمهور على استيعاب أكبر قدر من المعلومات.

☐ يتم ادراج بعض الصُور المجازيّة كالتشبيه والاستعارة.

# Writing instructions

**Task 2:** Read the following procedure and then answer the questions.

## رُخْصَةُ الْقِيَادَةِ

الْخُطوات:
- قَدِّم طَلَبًا لِلْحُصُولِ عَلَى رُخْصَةِ الْقِيَادَةِ فِي مَبْنَى الْمُرُورِ.
- أَحْضِرْ جَدْوَلَ الْحِصَصِ وَعَدَدَ السَّاعَاتِ الَّتِي يَجِبُ أَنْ تَتَدَرَّبَ فِيهَا.
- شَارِكْ فِي الدَّوْرَتَيْنِ التَّدْرِيبِيَّتَيْنِ النَّظَرِيَّةِ وَالْعَمَلِيَّةِ الْمُخَصَّصَتَيْنِ مِنْ قِبَلِ مَرَاكِزِ تَعْلِيمِ الْقِيَادَةِ.
- قَدِّمِ الِاخْتِبَارَ النَّظَرِيَّ وَبَعْدَ اجْتِيَازِكَ لَهُ قَدِّمِ الِاخْتِبَارَ الْعَمَلِيَّ.
- انْتَظِرِ النَّتِيجَةَ؛ فَإِذَا اجْتَزْتَ الِاخْتِبَارَيْنِ بِنَجَاحٍ تُصْبِحُ مُعَامَلَتُكَ جَاهِزَةً لِاسْتِلَامِ الرُّخْصَةِ.

1. Is there a title that indicates what the procedure is about?

   _____

2. Is there a sentence that tells what the aim of the procedure is?

   _____

3. Are there words that show the order in which the steps should be done?

   _____

4. What are the action verbs at the beginning of each sentence?

   _____   _____   _____

   _____   _____

**Task 3:** A good procedure should contain the following features.

a  a **title** that indicates what the procedure is about

b  an **introduction** that tells what the aim of the procedure is

c  a clear **series of steps**, or instructions, written in the correct order

d  sentences that start with an **imperative verb** for every step of the instructions (e.g. قَدِّم، شَارِكْ)

e  **connectives** that show the order in which the actions are done (e.g. أَوَّلًا، ثَانِيًا، بَعْدَ ذَلِكَ) (Sometimes the steps are **numbered** instead.)

f  correct **spelling** and **punctuation**

# The Arabic Companion's Guide To Writing

## Planning the draft

Planning the draft is an important step. Let's plan for our instructional text.

**Task 4:** Fill in the grid below with what would be an outline for our instructional text.

| | |
|---|---|
| | العنوان |
| | أيّ مستلزمات أو معدّات؟ |
| | رسم بياني إن وَجَبَ. وصف بسيط |
| | التعليمات (مُرقَّمَة أو مربوطة بأدوات الرّبط) |
| | صُوَر؟ |
| | مُفْرَدَات |
| | رَوَابط لُغويّة |

## Step by step improvement plan

Now, let's improve the procedure.

### Step 1: Start with a good title

The **title** is the first indication of what the procedure is about. It is useful as well to add some **sub-titles** for any sections of your text.

يعد **العنوان الرئيسي** هو المعلومة الأولى التي يحصل عليها الشخص عند قراءته للنص، ويجب على كاتبه الاهتمام بكتابة العنوان بخط واضح، مع إضافة باقي التفاصيل المرتبطة بالنص كالتاريخ إن وَجَبَ، مع الانتباه إلى كتابة **العناوين الفرعية** بشكل قصير وجذاب؛ لجذب انتباه القارئ إلى المعلومات الهامة.

**Task 5:** Which title is more suitable to the instructional text? Tick (✓) the correct answer.

رُخْصَةُ الْقِيَادَةِ / كَيْفَ تَحْصُلُ عَلَى رُخْصَةِ قِيَادَةٍ؟ ☐

أَحْسَنُ طَرِيقَةٍ لِلْحُصُولِ عَلَى رُخْصَةِ قِيَادَةٍ ☐

# Writing instructions

**Step 2: Start with a clear introduction**

The **introduction** is the first sentence or two of the procedure. It should tell your reader exactly what the aim of your procedure is.

تحتوي مقدمة **النص** الإجرائي على شرح بسيط حول النص، والفكرة الرئيسيّة فيه، والأفكار الأخرى التي يتضمنها النص تساعد على فهم محتواه.

**Task 6:** Which would be the best way to start this procedure? Tick (✓) the correct answer.

☐ يَحْصُلُ الْفَرْدُ عَلَى رُخْصَةِ قِيَادَةٍ بَعْدَ تَدْرِيبٍ نَظَرِيٍّ وَعَمَلِيٍّ فَإِذَا أَرَدْتَ الْحُصُولَ عَلَيْهَا عَلَيْكَ اتِّبَاعُ الْخُطُوَاتِ الْآتِيَةِ

☐ تَعَلُّمُ قِيَادَةِ السَّيَّارَاتِ مُهِمٌّ جِدًّا فَإِذَا أَرَدْتَ ذَلِكَ عَلَيْكَ اتِّبَاعُ الْخُطُوَاتِ الْآتِيَةِ

☐ قِيَادَةُ السَّيَّارَاتِ مُمْتِعٌ جِدًّا وَيَجِبُ عَلَى كُلِّ فَرْدٍ أَنْ يَقُودَ سَيَّارَتَهُ مَتَى شَاءَ

**Step 3: Start sentences with imperative verbs**

**Imperative** verbs tell us **what to do** (e.g. قَدِّمْ، شَارِكْ). Starting a sentence with an imperative verb helps your reader focus on what he or she has to do.

يُنصح باستخدام بعض **التوجيهات** التي تلفت الانتباه مثل: انتبه إلى كذا، اذهب هنا...

The imperative or command tense verb is always used in the second person. Therefore each verb can occur in all these forms:

| Pronoun | Gender | Imperative |
|---|---|---|
| أَنْتَ = You | M Singular | اُكْتُبْ |
| أَنْتِ = You | F Singular | اُكْتُبِي |
| أنتما = You | M/F dual | اُكْتُبَا |
| أنتم = You | M Plural | اُكْتُبُوا |
| أنتنَّ = You | F Plural | اُكْتُبْنَ |

# The Arabic Companion's Guide To Writing

**Task 7:** Turn the following verbs in the grid below into the imperative.

| Pronoun | Gender | Verb | Imperative |
|---|---|---|---|
| أنتَ = You | M Singular | صَعَدَ | |
| أنتِ = You | F Singular | طَلَبَ | |
| أنتما = You | M/F dual | جَلَسَ | |
| أنتم = You | M Plural | فَتَحَ | |
| أنتنَّ = You | F Plural | غَلَقَ | |

**Step 4: Use connectives to show order**

**Connectives** show the order of actions (e.g. أَوَّلًا، ثَانِيًا، بَعْدَ ذَلِكَ). They help us make sense of the instructions.
Connectives should come before the imperative verb at the beginning of the sentence.
For example:

أَوَّلًا، قَدِّم طَلَبًا لِلْحُصُولِ عَلَى رُخْصَةِ الْقِيَادَة.

**Task 8:** Arrange the following sentences so that the order is clear. Match the letters to the steps in the boxes below.

أ. بعد ذلك، قطّعي الطماطم والخيار إلى شرائح وابشري الجزر.

ب. بعدها، استخدمي السكين الكبير لتقطيع شريحتين من رغيف الخبز. انشري الزبدة على كل شريحة.

ج. أولاً، اجمعي كل مكوناتك ومعداتك.

د. أخيرًا، ضعي جميع المكونات على شريحة خبز واحدة.

ه. ثم قطّعي قطْعَةَ الدجاج.

| الخطوة ١ | الخطوة ٢ | الخطوة ٣ | الخطوة ٤ | الخطوة ٥ |
|---|---|---|---|---|
| | | | | |

## Step 6: Writing the final draft

This is the final draft. Read the comments about the final draft on the right.

### رُخْصَةُ الْقِيَادَةِ / كَيْفَ تَحْصُلُ عَلَى رُخْصَةِ قِيَادَةٍ؟

← كتابة العنوان بخط واضح.

أَصْبَحَتْ السَّيَّارَاتُ فِي الْآوِنَةِ الْأَخِيرَةِ شَيْئًا مُهِمًّا مِنْ مُتَطَلَّبَاتِ الْحَيَاةِ؛ وَهِيَ تَسْتَلْزِمُ الْحُصُولَ عَلَى رُخْصَةٍ لِقِيَادَتِهَا، وَالَّتِي يَحْصُلُ عَلَيْهَا الْفَرْدُ بَعْدَ تَدْرِيبٍ نَظَرِيٍّ وَعَمَلِيّ فَإِذَا أَرَدْتَ الْحُصُولَ عَلَيْهَا عَلَيْكَ اتِّبَاعَ الْخُطُوَاتِ الْآتِيَةِ:

← مقدمة شرح بسيط حول النص والفكرة الرئيسيّة فيه.

**الخُطوات:**

← استخدام العناوين الفرعيّة لتسهيل فهم الإجراءات.

أَوَّلًا، قَدِّم طَلَبًا لِلْحُصُولِ عَلَى رُخْصَةِ الْقِيَادَةِ فِي مَبْنَى الْمُرُورِ .
ثَانِيًا، أَحْضِرْ جَدْوَلَ الْحِصَصِ وَعَدَدَ السَّاعَاتِ الَّتِي يَجِبُ أَنْ تَتَدَرَّبَ فِيهَا.

← شرح الموضوع والخطوات التي يجب اتباعها.

ثُمَّ شَارِكْ فِي الدَّوْرَتَيْنِ التَّدْرِيبِيَّتَيْنِ النَّظَرِيَّةِ وَالْعَمَلِيَّةِ الْمُخَصَّصَتَيْنِ مِنْ قِبَلِ مَرَاكِزِ تَعْلِيمِ الْقِيَادَةِ.
بَعْدَ ذَلِكَ، قَدِّمْ الِاخْتِبَارَ النَّظَرِيَّ وَبَعْدَ اجْتِيَازِكَ لَهُ قَدِّمْ الِاخْتِبَارِ الْعَمَلِيِّ.
وَأَخِيرًا، انْتَظِرْ النَّتِيجَةَ؛ فَإِذَا اجْتَزْتَ الِاخْتِبَارَيْنِ بِنَجَاحٍ تُصْبِحُ مُعَامَلَتُكَ جَاهِزَةً لِاسْتِلَامِ الرُّخْصَةِ.

← استخدام الرّوابط يُوضّح ترتيب الإجراءات.

وَخِتَامًا، إِذَا اتُّبِعَتْ الْخُطُوَاتُ السَّابِقَةَ فَانِكَ سَتَحْصُلُ عَلَى رُخْصَةِ السِّيَاقَةِ، وَيَجِبُ أَنْ تَكُونَ حَذِرًا وَعَلَى قَدْرِ الْمَسْؤُولِيَّةِ أَثْنَاءَ الْقِيَادَةِ حَتَّى لَا تُعَرِّضَ حَيَاتَكَ وَحَيَاةَ الْآخَرِينَ لِلْخَطَرِ.

← إنهاء النص الإجرائي بمعلومات إضافية متعلقة فيه.

## Your turn

**Task 9: Write a procedure that tells how to make a healthy salad that includes at least five vegetables. Use the guide procedure as a model.**

# The Arabic Companion's Guide To Writing

## 13 — Writing a book review كتابة تقرير نقدي لكتاب

A **review** (تقرير نقدي) is a text in which you give your **personal opinions** (الرّأي) about something. You can review books, plays, films or places such as restaurants. In this unit we will be reviewing a book.

A **book review** should have:

* an **introduction**: any general information (معلومات أساسية) about the book that is important for readers to know.
* A **brief description**: a one-paragraph synopsis of the plot (نبذة أو شرحًا مختصرًا للحبكة) of the book, shortly expanding your description in the introduction.
* Use the **present tense** of verbs and linking words to outline the story chronologically.
* middle **paragraphs** that give more **detail** and **opinions** (التحليل والتقييم) about the book.
* a **conclusion** or **recommendation** (المقترحات والتوصيات) that contains your overall opinion of the book.

### Preparing for the review: خطوات يجب اتباعها قبل البدء في النقد

على الناقد اتّباع بعض الخطوات قبل البدء بعملية النقد، وهي:

**قراءة الكتاب بتمعن**

ينصح عند قراءة الكتاب جلب ورقة وقلم، وتلخيص موضوع الكتاب ومعرفة الهدف من الكتاب بشكل عام، كما يفضل أخذ الأسئلة التالية في الاعتبار عند القراءة:

| | |
|---|---|
| • Is the book well written? | • هل الكتاب مكتوب بشكل جيد؟ |
| • Who will benefit from reading this book? | • من الذي سيستفيد من قراءة هذا الكتاب؟ |
| • How does the book compare to other books in this field? | • كيف يقارن الكتاب بالكتب الأخرى في هذا المجال؟ |
| • Does the book cover every topic? | • هل يُعنى الكتاب بكل محور؟ |

**كتابة مسودة**

من المُستحْسن كتابة مخطط تفصيلي لتقرير النقد، لأنه يساعد على ترتيب الأفكار وتسلسلها بالشكل الصحيح.

# Writing a book review

## A Step By Step Plan

Below is a list of questions about your book. If you answer them carefully and in detail you can use your answers to form a detailed book review which gives your opinion of the book.

### Step 1: Introduction

> An **introduction** gives general information (معلومات عامّة) about the book that is important for readers to know.

Let's take 'Pinocchio' (بينوكيو - الدّمية الخشبيّة) as an example.

**Task 1:** Add the information about the book to form the introduction.

- ما عنوان الكتاب؟ _____

- ما اسم المؤلف؟ _____

- ما النوع الأدبيّ؟ رواية، قصة قصيرة، دراما، رعب، إلخ.، هل ينتمي لأدب الواقع أم الخيال؟ _____

- هل الكتاب جزء من سلسلة أم هو كتاب مفرد؟ _____

---

**بينوكيو - الدّمية الخشبيّة**

بينوكيو، رواية دمية _____ كانت من بنات أفكار المؤلف الإيطالي كارلو كولودي في عام 1883. كتاب بينوكيو هو من نفائس الأدب العالمي، وهو عِبارةٌ عن نوع أدبيّ _____ وشخصيّاتها هي _____، وهي قصّة ذات طابع _____ ركزت الرواية على العديد من القيم؛ كالصدق و _____ وكانت فكرة الرواية تقوم على أن الإنسان إذا حاد عن الطريق السوي يسقط في الحضيض.

# The Arabic Companion's Guide To Writing

**Step 2: Review**

A **review** offers a critical **assessment** (تقييم نقدي) of the content. This involves **your reactions** (ردود فعلك) to the work under review: what strikes you as **noteworthy** (جدير بالملاحظة), whether or not it was effective or persuasive, and how it enhanced **your understanding** of the issues at hand (عزز فهمك للقضايا المطروحة).

## The Plot الحبكة

**Task 2:** Use these sentences to form paragraphs.

- تدور أحداث الكتاب / القصة حول _____
- تبدأ القصة بطريقة _____ (بطيئة؟ مثيرة؟ غامضة؟)
- كل هذا يحدث خلال / أثناء _____ (يوم؟ أسبوع؟ سنة؟)
- أحداث القصة تتبع بعضها البعض / تسلسلا زمنيا بواسطة _____
- في نهاية الرواية _____
- تتمثّل عِبرة القصّة في أنّ _____

---

**الحبكة**

الحبكة مألوفة ومحببة وبسيطة نسبيًا. تدور أحداث القصة حول ................ . عبرة الكتاب هي أنّ ................ ففي نهاية الرواية، ................

---

## The Characters الشخصيات

**Task 3:** Answer in sentences to form paragraphs.

- من هي الشخصيات الرئيسية؟
- هل تم وصفها بالتفصيل؟
- من الذي وجدته أكثر إثارة للاهتمام؟ الأكثر تعاطفا؟
- ما هو نوع العلاقات أو النزاعات التي كانت موجودة بين الشخصيّات؟
- هل تغيرت هذه الشخصيات على مَدَى القصة؟

# Writing a book review

- إلى أي حد بدت مقنعة بالنسبة لك؟ هل تعاطفت معها؟
- هل تعتقد بأنها تصرفت وفق الدور المرسوم لها في الحبكة؟
- هل نجح الكاتب في رسمها وإبراز دوافعها؟

---

### الشخصيات

الشخصيات الرئيسية هي ................. شخصيات قصّة بينوكيو تُمَثِّل انعكاسا لأوجه مختلفة للإنسانيّة

فبينوكيو يَرْمُزُ إلى ................. أمّا أنفه الطويل ................. .

تتطوّر شخصيّة الدمية الخشبية عبر أحداث القصّة، .................

الشخصية الأخرى، ................. وصفها المؤلف بتفصيل كبير / وَجِيز. على سبيل المثال
.................

الشخصية التي أحببتها أكثر من غيرها كانت ................. بسبب .................

كانت العلاقة الرئيسية بين ................. ويمكن وَصفه بأنها .................

الشخصيات التي تغيرت خلال القصة هي .................

---

**الأسلوب القصصى The Style**

**Task 4:** Answer in sentences to form paragraphs.

- هل تم وصف الإطار المكاني والزّمني بالتفصيل؟
- هل تم وصف المشاعر والمواقف بعُمق؟
- هل كانت قصة جيدة؟ لماذا؟
- ما هو الحدث المفضل لديك في القصة؟ لماذا؟
- هل كانت هناك أية تفاصيل (أو شخصيات) ربما يمكن تحسينها؟ إذا كان الأمر كذلك، فما هي التغييرات التي ستجريها؟

حدثنا عن الأسلوب السردي الذي اتبعه الكاتب:

- هل يعتمد السرد الذاتي أي أن يتكلم الراوي بلسانه؟
- هل يصف لنا الأبطال ويحكي قصتهم؟ أم هناك أسلوب آخر؟
- هل استخدم الكاتب لغة مناسبة لإيصال أفكار الشخصيات وشرح تصرفاتها ومواقفها؟
- هل كانت اللغة جزلة وإبداعية دون تكرار؟

# The Arabic Companion's Guide To Writing

## الأسلوب القصصي

القصة مكتوبة في .................. الضّمير (المفرد "أنا" / الغائب "هو / هي")

هذا (ليس) مهم للقصة لأن ..................

تم وصف الإطار المكاني والزّمني بدقّة كبيرة / وجيزة، على سبيل المثال ..................

تم وصف شعور الشخصيات وتصرفها بعمق كبير / وجيز، على سبيل المثال ..................

كانت / لم تكن قصة جيدة لأن ..................

في رأيي كان يمكن أن نغيِّر ..................

## Step 3: Summary comment

Write a **summary** (خلاصة) of the summarised quotations and **explanations** (الشّرح), included in the body paragraphs. After doing so, finish the book analysis with a **concluding sentence** (جملة ختاميّة) to show the bigger picture of the book. Think to yourself, "Is it worth reading?", and answer the question directly. However, write in-between the lines. Avoid stating "I like/dislike this book."

**Task 5:** Answer in sentences to form paragraphs.

- هل تعتقد أن الكاتب لديه سبب معين لرواية هذه القصة؟
- ما هو شعورك أثناء القراءة وبعدها؟
- هل تعتقد أنك تعلمت أي شيء من الكتاب عن الإنسانيّة واختياراتنا في الحياة؟
- كيف تقارنه بالكتب الأخرى التي قرأتها؟
- ما الذي تعتقد أنه من المهم قوله عن هذه القصّة؟
- هل تنصح بقراءة هذا الكتاب؟ لماذا؟

## الخلاصة والتعليق

أعتقد أن الكاتب أراد أن يروي هذه القصة لأن ..................

الكتاب جعلني أشعر ..................

جعلني أفكر في ..................

أعتقد أنه من المهم أن أقول أن الكتاب هو ..................

(لا) أنصح بقراءة هذا الكتاب بسبب ..................

# Writing a book review

## Step 4: Writing the final draft

This is the final draft. Read the comments about the final draft on the right.

**بينوكيو - الدّمية الخشبيّة** ← عنوان يشُدّ انتباه القارئ

بينوكيو، رواية دمية ............ كانت من تأليف الإيطالي "كارلو كولودي" في عام 1883. وكانت فكرة الرواية تقوم على أن الإنسان إذا حاد عن الطريق السوي يسقط في الحضيض. ← مقدمة: معلومات عامّة

الحبكة مألوفة ومحببة وبسيطة نسبيًا. تدور أحداث القصة حول ............ .
عبرة الكتاب هي أنّ ............ . ففي نهاية الرواية، ............ . ← الحبكة

الشخصيات الرئيسية هي ............ . شخصيات قصّة بينوكيو تُمَثِّل ............ .
تتطوّر شخصيّة الدمية الخشبية عبر أحداث القصّة، ............ .
الشخصية الأخرى، ............ . وصفها المؤلف بتفصيل كبير. على سبيل المثال ............ ← الشخصيات

الشخصية التي أحببتها أكثر من غيرها كانت ............ بسبب ............ .
كانت العلاقة الرئيسية بين ............ ويمكن وَصفه بأنها ............ .
الشخصيات التي تغيرت خلال القصة هي ............ .

القصة مكتوبة في الضّمير ............ (المفرد "أنا" / الغائب "هو / هي")
هذا (ليس) مهم للقصة لأن ............ . ← الأسلوب القصصي
تم وصف الإطار المكاني والزّمني بدقّة كبيرة / وجيزة، على سبيل المثال ............
تم وصف شعور الشخصيات وتصرفها بعمق كبير / وجيز، على سبيل المثال ............

كانت / لم تكن قصة جيدة لأن ............ . في رأيي كان يمكن أن نغيّر ............

أعتقد أن الكاتب أراد أن يروي هذه القصة لأن ............ . الكتاب جعلني أشعر ............ . جعلني أفكر في ............ . ← الخلاصة والتعليق
أعتقد أنه من المهم أن أقول أن الكتاب هو ............ . (لا) أنصح بقراءة هذا الكتاب بسبب ............ .

# The Arabic Companion's Guide To Writing

## 14 — Writing an explanation كتابة النَّصّ الشَّرحيّ

نوع من أنواع النّصوص الوظيفيّة التّفسيريّة، التي تهدف إلى نقل المعلومات للقارئ، وتقدّم تفسيرًا لظاهرةٍ علميّةٍ أو اجتماعيةٍ أو أدبيّةٍ.

An **explanation** (شَرْح) is an **informative** text (النَّصّ المعلوماتيّ). Its main purpose is to explain **why** (لماذا) or **how** (كيف) something happens or how it works. The kinds of topics we might write explanations about include the natural world, animal behaviour and technology.

An **explanation** should have:

> * an **opening paragraph** (مُقدِّمة تمهيديّة) that introduces the topic with a **general statement** that **describes** or **identifies** the phenomenon.
> * a **series of paragraphs** that give a **sequenced explanation** (شَرْح تسلسُليّ) of how the phenomenon works or why it happens.
> * a **conclusion** that either **sums up** the explanation or wraps it up in some other way.

**Task 1:** Which of the following texts is an explanation?

☐ يَبَدَأُ تَشَكُّلُ قَوْسِ قَزَحٍ عِنْدَ انْكِسَارِ الْأَشِعَّةِ الضَّوْئِيَّةِ السَّاقِطَةِ مِنَ الشَّمْسِ بِزَاوِيَةٍ مَائِلَةٍ بِدَاخِلِ قَطَرَاتِ الْمَطَرِ، ثُمَّ تَنْعَكِسُ الْأَشِعَّةُ الضَّوْئِيَّةُ مَرَّةً ثَانِيَةً عِنْدَ مُرُورِهَا بِالسَّطْحِ الدَّاخِلِيِّ لِقَطَرَاتِ الْمَطَرِ، كَمَا تَنْكَسِرُ لِلْمَرَّةِ الثَّالِثَةِ عِنْدَ خُرُوجِهَا مِنْ قَطَرَاتِ الْمَطَرِ.

☐ مِنْ مَضَارِّ التَّدْخِينِ أَنَّهُ يَزِيدُ بِشَكْلٍ كَبِيرٍ مِنْ خَطَرِ الْإِصَابَةِ بِأَمْرَاضِ الْقَلْبِ وَالْأَوْعِيَةِ الدَّمَوِيَّةِ، بِمَا فِي ذَلِكَ مَرَضُ الشِّرْيَانِ التَّاجِيِّ وَالنَّوْبَاتِ الْقَلْبِيَّةِ.

☐ أَكَّدَتْ تَقَارِيرُ أَنَّ شَرِكَةَ تُوِيتَر تُرِيدُ جَنْيَ الْأَمْوَالِ مِنَ الشَّرِكَاتِ عَلَى الْمِنَصَّةِ، وَذَلِكَ مِنْ خِلَالِ فَرْضِ رُسُومٍ قَدْرُهَا أَلْفُ دُولَارٍ أَمِيرِكِيٍّ شَهْرِيًّا لِلِاحْتِفَاظِ بِعَلَامَةِ التَّوْثِيقِ الذَّهَبِيَّةِ.

**Task 2:** Look at the following questions. Which two are asking for an explanation of how something works or why it happens?

☐ لماذا تنظر إلى السماء؟   ☐ لماذا تبدو السماء زرقاء؟

☐ كيف يتكون المطر.   ☐ كيفية طبخ طبق البرياني.

# Writing an explanation

## Writing the first draft

### مَرَاحِلُ نُزُولِ الْأَمْطَارِ

تَنْقَسِمُ ظَاهِرَةُ نُزُولِ الْأَمْطَارِ إِلَى ثَلَاثِ مَرَاحِلَ، هِيَ التَّبَخُّرُ ثُمَّ التَّكَاثُفُ وَأَخِيرًا الْهُطُولُ.

**التَّبَخُّرُ**

- عَمَلِيَّةٌ يَتِمُّ فِيهَا تَغَيُّرُ الْمَاءِ مِنْ حَالَتِهِ السَّائِلَةِ إِلَى الْغَازِيَّةِ نَتِيجَةَ ارْتِفَاعِ دَرَجَةِ حَرَارَتِهِ بِفِعْلِ حَرَارَةِ الشَّمْسِ.

- تَتَبَخَّرُ قَطَرَاتُ الْمَاءِ ثُمَّ تَتَصَاعَدُ إِلَى الْأَعْلَى بِوَاسِطَةِ وَزْنِهَا الثَّقِيلِ نَتِيجَةَ ارْتِفَاعِ حَرَارَتِهَا، وَبِوَاسِطَةِ التَّيَّارَاتِ الْهَوَائِيَّةِ الصَّاعِدَةِ.

**التَّكَاثُفُ**

- هِيَ عَمَلِيَّةُ تَحَوُّلِ الْمَاءِ مِنَ الْحَالَةِ الْغَازِيَّةِ إِلَى الْحَالَةِ السَّائِلَةِ نَتِيجَةَ انْخِفَاضِ دَرَجَةِ حَرَارَتِهِ.

- تَصِلُ جُزَيْئَاتُ بُخَارِ الْمَاءِ الصَّاعِدَةُ إِلَى طَبَقَةِ التُّرُوبُوسْفِيرِ وَبِمُجَرَّدِ وُصُولِ جُزَيْئَاتِ الْمَاءِ إِلَى هَذِهِ الطَّبَقَةِ تَبْدَأُ دَرَجَةُ الْحَرَارَةِ بِالْانْخِفَاضِ، فَتَنْخَفِضُ حَرَارَةُ الْمَاءِ وَبِالتَّالِي تَبْدَأُ جُزَيْئَاتُ الْمَاءِ بِفِقْدَانِ حَرَارَتِهَا، فَيَتَحَوَّلُ بُخَارُ الْمَاءِ إِلَى سَائِلٍ، وَيَتَكَاثَفُ الْمَاءُ عَلَى شَكْلِ غُيُومٍ.

**النُّزُولُ**

- بِمُرُورِ الْغُيُومِ بِمَنَاطِقَ بَارِدَةٍ تَبْدَأُ جُزَيْئَاتُ الْمَاءِ بِالْاتِّحَادِ مَعَ بَعْضِهَا الْبَعْضِ، وَبِذَلِكَ تَكُونُ الْجُزَيْئَاتُ أَكْبَرَ مِنْ حَيْثُ الْحَجْمُ وَبِسَبَبِ وَزْنِهَا تَكُونُ مُهَدَّدَةً بِالسُّقُوطِ، فَيَحْدُثُ الْهُطُولُ عِنْدَ مُرُورِ الْغَيْمَةِ مَثَلًا بِمُرْتَفَعَاتٍ عَالِيَةٍ.

**Task 3:** A good explanation should contain the following features. Tick (✓) the ones that have been used in the draft above.

a an **opening paragraph** that introduces the topic with a general statement that describes the phenomenon ☐

b a sequenced explanation (الترتيب الزّمنيّ) of how the phenomenon works or why it happens ☐

c **categorisation** (التّصنيف: عمليّة تنظيم الحقائق) of facts ☐

d connectives or **linking words** that show the sequence of events (e.g. أوّلا، ونتيجة لذلك) ☐

e **cause and effect** corrolations (العلاقات السّببيّة: السّبب والنّتيجة) ☐

f **scientific language** (المُصْطَلَحَات العِلْميّة) ☐

g well-structured paragraphs that start with a **topic sentence** (جملة افتتاحيّة) that tells the reader what the paragraph is about ☐

h a **conclusion** (خاتمة: تشملُ تلخيصًا للمعلومات الواردة في النّصّ) that either sums up the explanation or wraps it up in some other way ☐

# The Arabic Companion's Guide To Writing

## Step by step improvement plan

Let's improve the draft.

### Step 1: Use an opening paragraph that introduces the topic

> An **opening paragraph** introduces the topic with a general statement that describes the phenomenon.

**Task 4:** Which of the following would make the best opening paragraph?

أ. ☐ لَقَدْ ظَلَّتْ دَوْرَةُ الْمَاءِ تَعْمَلُ مِلْيَارَاتِ السِّنِينَ، وَتَعْتَمِدُ عَلَيْهَا كُلُّ الْكَائِنَاتِ الْحَيَّةِ الَّتِي تَعِيشُ عَلَى الْأَرْضِ.

ب. ☐ يَتَحَرَّكُ الْمَاءُ حَرَكَةً مُسْتَمِرَّةً مِنَ الْمُحِيطَاتِ إِلَى الْهَوَاءِ، ثُمَّ يَنْتَقِلُ مِنَ الْهَوَاءِ إِلَى طَبَقَاتِ الْجَوِّ الْعُلْيَا لِيَعُودَ إِلَى الْأَرْضِ وَمِنْهُ إِلَى مَصَادِرِ الْمَاءِ مَرَّةً أُخْرَى.

ج. ☐ تَنْقَسِمُ ظَاهِرَةُ دَوْرَةِ الْمَاءِ وَنُزُولِ الْأَمْطَارِ إِلَى ثَلَاثِ مَرَاحِلَ، هِيَ التبَخُّرُ ثُمَّ التَّكَاثُفُ وَأَخِيرًا الْهُطُولُ.

### Step 2: Use topic sentences to write well-structured paragraphs

> A **topic sentence** (جملة افتتاحيّة) is the sentence that contains the **main idea** of a paragraph. It usually appears at the **beginning** of the paragraph. The other sentences in the paragraph should all relate to the topic sentence in some way.
> Starting a paragraph with a topic sentence lets the reader know what the paragraph is about.

**Task 5:** Which of the following would make the best topic sentence for the paragraph?

> تَعْمَلُ حَرَارَةُ الشَّمْسِ الْمُرْتَفِعَةِ وَحَرَكَةُ الْهَوَاءِ بِالْقُرْبِ مِنْ سَطْحِ الْمِيَاهِ عَلَى تَبَخُّرِ الْمِيَاهِ وَارْتِفَاعِهَا عَلَى شَكْلِ ذَرَّاتِ غَازٍ مُتَّجِهَةٍ نَحْوَ السَّمَاءِ كَمَا أَنَّ الْفَرَاغَاتِ الْمَوْجُودَةَ بَيْنَ الْهَوَاءِ تَعْمَلُ عَلَى حَمْلِ عَدَدٍ مِنْ ذَرَّاتِ الْمِيَاهِ الْقَرِيبَةِ مِنَ السَّطْحِ فِي الْهَوَاءِ وَرَفْعِهَا نَحْوَ الأعْلَى بِسَبَبِ وَزْنِهَا وَكَثَافَتِهَا الْخَفِيفَةِ.

أ. ☐ تَنْقَسِمُ ظَاهِرَةُ دَوْرَةِ الْمَاءِ وَنُزُولِ الْأَمْطَارِ إِلَى ثَلَاثِ مَرَاحِلَ، هِيَ التبَخُّرُ ثُمَّ التَّكَاثُفُ وَأَخِيرًا الْهُطُولُ.

ب. ☐ عَمَلِيَّةٌ يَتِمُّ فِيهَا تَغَيُّرُ الْمَاءِ مِنْ حَالَتِهِ السَّائِلَةِ إِلَى الْغَازِيَّةِ نَتِيجَةَ ارْتِفَاعِ دَرَجَةِ حَرَارَتِهِ بِفِعْلِ حَرَارَةِ الشَّمْسِ.

ج. ☐ أَوَّلُ مَرَاحِلِ تَكَوُّنِ الْأَمْطَارِ وَالدَّوْرَةِ الْمَائِيَّةِ هِيَ مَرْحَلَةُ تَبَخُّرِ الْمَاءِ.

## Step 3: Use conjunctions to write better sentences

Using a variety of sentence types makes your writing more interesting to read. **Compound sentences** are formed by joining two clauses with the **conjunctions** لكن ,أَو ,وَ or إذ.
**Complex sentences** are formed by joining two clauses with the **relative pronouns** ,الذِّي اللَّتِي, or **conjunctions** like عندَمَا ,إِذَا ,وَبِالتَّالِي ,لِأَنَّ, or حَتَّى.

**Task 6: Fill in the blanks with the suitable conjunction from the list below.**

نَتِيجَة　　فَـ　　نَتِيجَة　　ثُمَّ　　إِذْ

يُعَدُّ التَّبَخُّرُ جُزْءًا مُهِمًّا مِنْ دَوْرَةِ الْمِيَاهِ وَيَحْدُثُ بِشَكْلٍ أَسَاسِيٍّ عَلَى الْأَرْضِ. ______ هُوَ عَمَلِيَّةٌ يَتِمُّ فِيهَا تَغَيُّرُ الْمَاءِ مِنْ حَالَتِهِ السَّائِلَةِ إِلَى الْغَازِيَّةِ ______ ارْتِفَاعِ دَرَجَةِ حَرَارَتِهِ بِفِعْلِ حَرَارَةِ الشَّمْسِ. ______ تَتَبَخَّرُ جُزَيْئَاتُ الْمَاءِ ______ تَتَصَاعَدُ إِلَى الْأَعْلَى بِوَاسِطَةِ وَزْنِهَا الثَّقِيلِ ______ ارْتِفَاعِ حَرَارَتِهَا، وَبِوَاسِطَةِ التَّيَّارَاتِ الْهَوَائِيَّةِ الصَّاعِدَةِ.

## Step 4: Use technical language

Natural phenomena (ظَوَاهِر طَبِيعِيَّة) like the water cycle have their own words to name the different parts of the process. Using **technical language** (لُغَة عِلْمِيَّة) in an explanation shows that you have a good knowledge of the subject.

**Task 7: Replace the underlined words in the following sentences with a technical word from the list.**

يَتَكَاثَفُ　　يَنْدَمِجُ　　جُزَيْئَات　　الْغِلَافِ الْجَوِّي

أ. تَنْتَقِلُ مِيَاهُ الْعَالَمِ بَيْنَ الْبُحَيْرَاتِ وَالْأَنْهَارِ وَالْمُحِيطَاتِ وَ<u>الْجَوِّ</u> وَالْأَرْضِ فِي دَوْرَةٍ مُسْتَمِرَّةٍ تُسَمَّى دَوْرَةَ الْمِيَاهِ. ______

ب. تَتَبَخَّرُ <u>قَطَرَاتُ</u> الْمَاءِ ثُمَّ تَتَصَاعَدُ إِلَى الْأَعْلَى بِوَاسِطَةِ وَزْنِهَا الثَّقِيلِ نَتِيجَةَ ارْتِفَاعِ حَرَارَتِهَا. ______

ج. <u>وَيَتَجَمَّعُ</u> الْمَاءُ عَلَى شَكْلِ غُيُومٍ. ______

د. عِنْدَمَا <u>يَخْتَلِطُ</u> عَدَدٌ كَافٍ مِنَ الْقَطَرَاتِ، فَإِنَّهَا تَسْقُطُ مِنَ السُّحُبِ. ______

# The Arabic Companion's Guide To Writing

**Step 5: Wrap up the explanation with a good conclusion**

The **conclusion** is the final paragraph of your explanation. It should tie it up in an interesting way.

**Task 8:** The following paragraph would make a good conclusion for the explanation. Complete it by filling in words from the box.

| مِلْيَارَاتِ | ظَلَّتْ | تَعِيشُ | تَتَعَذَّرُ | الْكَائِنَاتِ |

لَقَدْ _____ دَوْرَةُ الْمَاءِ تَعْمَلُ _____ السِّنِينَ، وَتَعْتَمِدُ عَلَيْهَا كُلُّ _____ الْحَيَّةِ الَّتِي _____ عَلَى الْأَرْضِ حَيْثُ مِنْ دُونِهَا تُصْبِحُ الْأَرْضُ مَكَانًا طَارِدًا _____ فِيهِ الْحَيَاةُ.

**Step 6: Writing the final draft**

This is the final draft. Read the comments about the final draft on the right.

### مَرَاحِلُ نُزُولِ الْأَمْطَارِ

تَنْتَقِلُ مِيَاهُ الْعَالَمِ بَيْنَ الْبُحَيْرَاتِ وَالْأَنْهَارِ وَالْمُحِيطَاتِ وَالْغِلَافِ الْجَوِّيِّ وَالْأَرْضِ فِي دَوْرَةٍ مُسْتَمِرَّةٍ تُسَمَّى دَوْرَةَ الْمِيَاهِ. أَثْنَاءَ مُرُورِ الْمَاءِ عَبْرَ هَذَا النِّظَامِ الْمُسْتَمِرِّ، يُمْكِنُ أَنْ يَكُونَ سَائِلًا (مَاءً) أَوْ غَازًا (بُخَارًا) أَوْ مَادَّةً صُلْبَةً (جَلِيدًا). هُنَاكَ الْعَدِيدُ مِنَ الْعَمَلِيَّاتِ الْمُتَضَمَّنَةِ فِي حَرَكَةِ الْمِيَاهِ. الْمُدْرَجَةُ أَدْنَاهُ هِيَ مَرَاحِلُ مُخْتَلِفَةٌ مِنْ دَوْرَةِ الْمِيَاهِ:

تَنْقَسِمُ ظَاهِرَةُ نُزُولِ الْأَمْطَارِ إِلَى ثَلَاثِ مَرَاحِلَ، هِيَ التَّبَخُّرُ ثُمَّ التَّكَاثُفُ وَأَخِيرًا الْهُطُولُ.

**التَّبَخُّرُ**

يُعَدُّ التَّبَخُّرُ جُزْءًا مُهِمًّا مِنْ دَوْرَةِ الْمِيَاهِ وَيَحْدُثُ بِشَكْلٍ أَسَاسِيٍّ عَلَى الْأَرْضِ. فَهُوَ عَمَلِيَّةٌ يَتِمُّ فِيهَا تَغَيُّرُ الْمَاءِ مِنْ حَالَتِهِ السَّائِلَةِ إِلَى الْغَازِيَّةِ نَتِيجَةَ ارْتِفَاعِ دَرَجَةِ حَرَارَتِهِ بِفِعْلِ حَرَارَةِ الشَّمْسِ. تَتَبَخَّرُ جُزَيْئَاتُ الْمَاءِ ثُمَّ تَتَصَاعَدُ إِلَى الْأَعْلَى بِوَاسِطَةِ وَزْنِهَا الثَّقِيلِ نَتِيجَةَ ارْتِفَاعِ حَرَارَتِهَا، وَبِوَاسِطَةِ التَّيَّارَاتِ الْهَوَائِيَّةِ الصَّاعِدَةِ.

← عنوان يصف موضوع المقال

← مقدمة: فقرة افتتاحية ببيان عام يصف الظاهرة

← جملة افتتاحية لما سيُشرَح

← جملة افتتاحيّة للفقرة

# Writing an explanation

التكاثف

**التَّكَاثُف** ← عنوان تَصْنيف

يُعَدُّ التَّكَاثُفُ ثَانِيَ أَهَمِّ مَرَاحِلِ دَوْرَةِ الْمِيَاهِ إِذْ هِيَ عَمَلِيَّةُ تَحَوُّلِ الْمَاءِ مِنَ الْحَالَةِ الْغَازِيَّةِ إِلَى الْحَالَةِ السَّائِلَةِ نَتِيجَةَ انْخِفَاضِ دَرَجَةِ حَرَارَتِهِ. تَصِلُ جُزَيْئَاتُ بُخَارِ الْمَاءِ الصَّاعِدَةُ إِلَى طَبَقَةِ التُّرُوبُوسْفِير وَبِمُجَرَّدِ وُصُولِ جُزَيْئَاتِ الْمَاءِ إِلَى هَذِهِ الطَّبَقَةِ تَبْدَأُ دَرَجَةُ الْحَرَارَةِ بِالِانْخِفَاضِ، فَتَنْخَفِضُ حَرَارَةُ الْمَاءِ وَبِالتَّالِي تَبْدَأُ جُزَيْئَاتُ الْمَاءِ بِفِقْدَانِ حَرَارَتِهَا، فَيَتَحَوَّلُ بُخَارُ الْمَاءِ إِلَى سَائِلٍ، وَيَتَكَاثَفُ الْمَاءُ عَلَى شَكْلِ غُيُومٍ.

← أَدوات الرَّبْط

**النُّزُول**

عِنْدَمَا يَنْدَمِجُ عَدَدٌ كَافٍ مِنَ الْقَطَرَاتِ، فَإِنَّهَا تَسْقُطُ مِنَ السُّحُبِ. هَذِهِ الْعَمَلِيَّةُ تُسَمَّى هُطُولَ الْأَمْطَارِ (أَوْ تَسَاقُطَ الْأَمْطَارِ). بِمُرُورِ الْغُيُومِ بِمَنَاطِقَ بَارِدَةٍ تَبْدَأُ جُزَيْئَاتُ الْمَاءِ بِالِاتِّحَادِ مَعَ بَعْضِهَا الْبَعْضِ، وَبِذَلِكَ تَكُونُ الْجُزَيْئَاتُ أَكْبَرَ مِنْ حَيْثُ الْحَجْمُ وَبِسَبَبِ وَزْنِهَا تَكُونُ مُهَدَّدَةً بِالسُّقُوطِ، فَيَحْدُثُ الْهُطُولُ عِنْدَ مُرُورِ الْغَيْمَةِ مَثَلًا بِمُرْتَفَعَاتٍ عَالِيَةٍ.

← مُصطلَحات عِلْميّة

لَقَدْ ظَلَّتْ دَوْرَةُ الْمَاءِ تَعْمَلُ مِلْيَارَاتِ السِّنِينَ، وَتَعْتَمِدُ عَلَيْهَا كُلُّ الْكَائِنَاتِ الْحَيَّةِ الَّتِي تَعِيشُ عَلَى الْأَرْضِ حَيْثُ مِنْ دُونِهَا تُصْبِحُ الْأَرْضُ مَكَانًا طَارِدًا تَتَعَذَّرُ فِيهِ الْحَيَاةُ.

← خاتِمَة تُلَخِّص أهمّيّة الظّاهِرَة

## Your turn

**Task 9:** Explain how something you know well works; for example, how a caterpillar turns into a butterfly, how bees make honey or how your favourite computer game works.

# The Arabic Companion's Guide To Writing

## 15 — Writing a letter كتابة الرَّسَائِل

نصٌّ نثريٌّ قصيرٌ نسبيًّا، ذو موضوع أو غرضٍ مُحدَّدٍ، تُسمَّى أيضًا بـ"الخطاب"، وغالبًا ما يُحدِّد المُرسِل الغرض من الرِّسالة بالاعتِماد على الجهة التي يتَّوجَّهُ إليها برسالته.

There are broadly two types of letters, namely **formal** letters (رِسَالَة رَسميّة), and **informal** letters (رِسَالَة غَيْر رَسميّة). But there are also a few types of letters based on their **contents** (مُحْتَوَى), **formalities** (رَسْميَّات) and the **purpose** (غَرَض) of letter writing.

A formal **letter** should have:

* the right **information** (مَعْلُومَات تقديميّة) that introduces the **sender** (المُرسِل) and the **receiver** (المُرسَل إلَيْه) of the letter.
* a message **content** (مُحْتَوَى) that gives information about the **subject** (موضُوع الرِّسالة).
* a closing statement (عبارة خِتاميّة) that announces **the end** (نهَايَة) of the message content.

**Task 1:** Which of the following types of letters is formal?

☐ رِسَالَة طَلَب عَمَل ☐ رِسَالَة شُكْر ☐ رِسَالَة تَوْثيق
☐ رِسَالة توصية لِوَظِيفَة ☐ رِسَالة غَرَاميّة ☐ رِسَالَة دَعْوَة لِاجْتِماع

**Task 2:** Which of the following features is in formal letters?

☐ تتبع تنسيقًا محددًا ☐ نبرة مهنية ورسمية ☐ نبرة ودية.
☐ لا تتضمن حشوًا ☐ بخط اليد ☐ تتضمن التاريخ ومعلومات الاتصال
☐ لا تتضمن اللغة أو التعابير العامية ☐ صفحة واحدة ☐ أكثر من صفحة

**Task 3:** Which of the following principles is in effective formal letter writing?

☐ التَّخْطيط ☐ الاكْتِمَال ☐ الإيجَاز
☐ الوُضُوح ☐ الكِيَاسَة ☐ التَّرْقيم الصَّحيح
☐ الصِّيَاغَة والتَّنْسِيق ☐ الدُّعَابَة ☐ أسلوب حَميمي

# Writing a letter

## Writing the first draft

Now we have to write a formal letter of recommendation for someone who intends to enrol on an English course.

> السلام عليكم ورحمة الله وبركاته،
>
> تحية طيبة وبعد،
>
> عزيزي الدكتور أيْمن علي المحترم،
>
> يسرّني أن أكتبَ لك رسالة توصية لقبول الطالبة "لُبْنى أحمد" في برنامج دراسات اللغة الإنجليزية الذّي تتَفَضَّلُون بِتَدْرِيسِه. لقد تشرفت بتدريسها في فصلين من حصص الأدب في المرحلة الثانوية، وهي واحدة من أكثر الطلاب الموهوبين والذين يعملون بجدّ.
>
> تتمتع الطالبة لُبْنى بالقدرة على الموازنة بين المهام المتعددة، وإكمال كل مهمة في الوقت المحدد، مع الاهتمام الكامل بالتفاصيل، وهي أيضًا كاتبة بارعة، تعرف كيف تستخدم الكلمات لتقديم حجج مقنعة، وتمتلك موهبة تأليف قصص جميلة. الطالبة لُبْنى هي طالبة نموذجية، وستكون إضافة استثنائية لبرنامجك، الرجاء الاتّصال بي على الرقم ( --- ) إذا كنت بحاجة إلى أي معلومات إضافية.
>
> كل الاحترام والتقدير،
>
> محمود زيد

**Task 4:** A good formal letter should contain the following features. Tick (✓) the ones that have been used in the draft above.

a a **date** in the upper left corner ☐

b **right-align** the text. ☐

c your **name, address and contact information** at the top of the page, typically aligned on the right side. ☐

d the **full date** you wrote the letter. Write it on a new line, left-aligned. ☐

e your name, company, address and contact information. ☐

f a formal **salutation** ☐

g a letter's subject ☐

h a brief introduction or **opening sentence** stating the letter's purpose. ☐

i the body of the letter ☐

k a **concluding** statement ☐

j a complimentary close and your full name ☐

# The Arabic Companion's Guide To Writing

## A Step By Step Plan

Let's improve the draft.

### Step 1: Follow the template of a formal letter

A formal letter has a conventional **format** (تصميم) that is followed for a reason. It clearly gives information about both the **sender** (المُرْسِل) and the **recipient** (المُرْسَل إليْه) in the letter.

### Step 2: Write the contact information and date

All **formal** letters start with the **contact information** (بيانات التواصل) and date. First, as the sender, type your full name and address aligned to the right side. This isn't just a formality, but a useful inclusion so the recipient can easily find your contact information when they want to respond.

### Step 3: Write the salutation

Formal letters always have a **greeting** (التحيّة) at the **beginning** of the written content as a cue that your message is about to begin. If you don't know the name of the receiver, you can also use a job title or even the department name, for example: "السيّد رئيس قسم الماليّة".

**Task 5:** Match the salutations with their equivalent in English.

| | |
|---|---|
| To Whom It May Concern, | 1. السَّيِّدُ الْفَاضِلُ/ السَّيِّدَةُ الْفَاضِلَةُ .... |
| Your excellency, | 2. سَعَادَةُ الْأُسْتَاذِ/..... الْفَاضِلِ (أَوْ الْمُحْتَرَمِ) |
| Dear Mr ... / Mrs ..., | 3. سَعَادَةُ السَّفِيرِ...... |
| Dear Dr ..., | 4. إِلَى مَنْ (يَهُمُّهُ / يَعْنِيهِ) الْأَمْر ... |
| Dear sir / madam, | 5. عزيزي الدكتور.... |

## Writing a letter

### Step 4: Write the body of the letter

> Unlike personal letters, **formal** letters are **straightforward** and **direct** (الإيجاز والدقة والوضوح), so don't be afraid to get straight to the point.

**The Introduction** مقدمة الرسالة

وهي الفقرة الأُولى والتي يتم فيها تقديم مُختصر لموضوع الرسالة، أي السبب وراء كتابتها.
مثل: (يسرّني أن أكتبّ لك رسالة توصية لقبول الطالبة "لُبْنَى أحمد" في برنامج دراسات اللغة الإنجليزية).
مثل: (أنا أكتب إلبك للتقدم لوظيفة "مهندس اتصالات" المُعلن عنها في الموقع الإلكتروني للشركة).

**The message** موضوع الرسالة

وهو نقطة التركيز في الرسالة، حيث يتم تقديم مزيد من المعلومات والتفاصيل المحددة لتوضيح المُراد بشكل جليّ.
مثل: (تتمتع الطالبة لُبْنَى بالقدرة على الموازنة بين المهام المتعددة، وإكمال كل مهمة في الوقت المحدد، مع الاهتمام الكامل بالتفاصيل.)
مثل: (فأنا حاصل على شهادة البكالوريوس في هندسة الاتصالات، وأمتلك خبرة عملية لمدة تسع سنوات).

**The summary** خاتمة الرسالة

في هذا الجزء يتم تلخيص مضمون الرسالة، وتحديد الخطوة المرجو اتّخاذها من قِبل المُرسَل إليه بعد قراءته للرسالة.
مثل: (وستكون إضافة استثنائية لبرنامجك، الرجاء الاتّصال بي على الرقم ( ) إذا كنت بحاجة إلى أي معلومات إضافية).
مثل: (أتمنى تحديد موعد لإجراء مقابلة شخصية معي، لأتمكن من عرض سيرتي الذاتية مباشرة).

**وعادةً ما يتم ترك فراغ بمقدار كلمة في بداية كل فقرة في الرسالة، أو يُترك سطر فارغ بين كل فقرة وأُخرى.**

### Step 5: Write the complimentary close

> **Formal** letters also use a standard complimentary **close** or sign-off (كلمةُ أو عبارة ختامية), similar to the salutation, before ending with an authentic **signature** (التوقيع).

بعد الانتهاء من كتابة نص الرسالة، يتم اختيار كلمة أو عبارة ختاميَة وَدَاعيَّة تتناسب مع نوع الرسالة وطبيعة العلاقة بين المُرسِل والمُرسَل إليه، متبُوعة بفاصلة، ومن أمثلتها: "مع خالص تحياتي"، "مع جزيل الشكر"، "كل الاحترام والتقدير".

## Step 6: Writing the final draft

This is the final draft. Read the comments about the final draft on the right.

(عنوان المُرسِل)

مدرسة النُّور الثانوية ← معلومات التواصل: العنوان.

شارع البيئة

تونس

(عنوان المُرسَل إليه)

قسم الأنجليزيّة

جامعة منُّوبة

تونس

(التاريخ) ١٥ فبراير ٢٠٢٣ ← التاريخ.

عَزِيزِي الدُّكْتُور أَيْمَنُ عَلِيّ الْمُحْتَرَم، ← المُرْسَل إلَيْه.

**الْمَوْضُوعُ: رِسَالَةُ تَوْصِيَةٍ** ← ملخّص موضوع الرسالة.

تَحِيَّة طَيِّبَة وَبَعْدُ، يَسُرُّنِي أَنْ أَكْتُبَ لَكَ رِسَالَةَ تَوْصِيَةٍ لِقَبُولِ الطَّالِبَةِ "لُبْنَى أَحْمَدَ" فِي بَرْنَامَجِ دِرَاسَاتِ اللُّغَةِ الْإِنْجِلِيزِيَّةِ الذِّي تَتَفَضَّلُون بِتَدْرِيسه. لَقَدْ تَشَرَّفْتُ بِتَدْرِيسِهَا فِي فَصْلَيْنِ مِنْ حِصَصِ الْأَدَبِ فِي الْمَرْحَلَةِ الثَّانَوِيَّةِ، وَهِيَ وَاحِدَةٌ مِنْ أَكْثَرِ الطُّلَّابِ الْمَوْهُوبِينَ وَالَّذِينَ يَعْمَلُونَ بِجِدٍّ. ← التحية + موضوع الرسالة.

تَتَمَتَّعُ الطَّالِبَةُ لُبْنَى بِالْقُدْرَةِ عَلَى الْمُوَازَنَةِ بَيْنَ الْمَهَامِّ الْمُتَعَدِّدَةِ، وَإِكْمَالِ كُلِّ مُهِمَّةٍ فِي الْوَقْتِ الْمُحَدَّدِ، مَعَ الِاهْتِمَامِ الْكَامِلِ بِالتَّفَاصِيلِ، وَهِيَ أَيْضًا كَاتِبَةٌ بَارِعَةٌ، تَعْرِفُ كَيْفَ تَسْتَخْدِمُ الْكَلِمَاتِ لِتَقْدِيمِ حُجَجٍ مُقْنِعَةٍ، وَتَمْتَلِكُ مَوْهِبَةَ تَأْلِيفِ قِصَصٍ جَمِيلَةٍ، بِالْإِضَافَةِ إِلَى ذَلِكَ، لَقَدْ كَانَتْ مُحَرِّرَةً لِلْكِتَابِ السَّنَوِيِّ لِلْمَدْرَسَةِ فِي الْعَامَيْنِ الْمَاضِيَيْنِ، وَحَوَّلَتْهُ إِلَى عَمَلٍ مُذْهِلٍ، يُقَدِّمُ الْمَدْرَسَةَ وَالطُّلَّابَ فِي أَفْضَلِ صُورَةٍ. ← نصّ الرّسالة.

الطَّالِبَةُ لُبْنَى هِيَ طَالِبَةٌ نَمُوذَجِيَّةٌ، وَسَتَكُونُ إِضَافَةً اسْتِثْنَائِيَّةً لِبَرْنَامَجِكَ، اَلرَّجَاءُ الِاتِّصَالُ بِي عَلَى الرَّقْمِ ( ) إِذَا كُنْتَ بِحَاجَةٍ إِلَى أَيِّ مَعْلُومَاتٍ إِضَافِيَّةٍ. ← تلخيص مضمون الرسالة.

كُلُّ الِاحْتِرَامِ وَالتَّقْدِيرِ، ← عبارة ختامية وَدَاعيَّة.

مَحْمُود زَيْد

مُعَلِّمُ مَادَّةِ الْأَدَبِ، مَدْرَسَةُ النُّورِ الثَّانَوِيَّة ← المُرْسِل + التَّوقِيع.

## Sample informal letters

2022/2/21

مَرْحَبًا عَلِيّ،

كَيْفَ حَالُكَ؟ أَتَمَنَّى أَنْ تَكُونَ بِأَفْضَلِ حَالٍ. أَكْتُبُ لَكَ لِأُهَنِّئَكَ بِمُنَاسَبَةِ حُصُولِكَ عَلَى وَظِيفَةٍ، فَأَنَا أَعْلَمُ مَدَى صُعُوبَةِ الْحُصُولِ عَلَى وَظِيفَةِ أَحْلَامِكَ فَوْرَ تَخَرُّجِكَ مِنَ الْجَامِعَةِ، إِلَّا أَنَّكَ تَسْتَحِقُّ ذَلِكَ بَعْدَ كُلِّ الْجُهْدِ الَّذِي بَذَلْتَهُ طَوَالَ سَنَوَاتِ الدِّرَاسَةِ الْجَامِعِيَّةِ، أَعْلَمُ أَنَّكَ سَتَكُونُ مُوَظَّفًا مِثَالِيًّا يُحْتَذَى بِهِ، وَأُرِيدُ أَنْ أَقْتَرِحَ عَلَيْكِ أَنْ نَلْتَقِيَ قَرِيبًا لِنَحْتَفِلَ سَوِيًّا فِي هَذِهِ الْمُنَاسَبَةِ.

تَهَانِينَا مَرَّةً أُخْرَى، وَأَتَمَنَّى أَنْ أَسْمَعَ عَنْكَ الْأَخْبَارَ السَّارَّةَ دَوْمًا.

مَعَ أَطْيَبِ الْأُمْنِيَاتِ بِالتَّوْفِيقِ،

صَدِيقُكَ الْمُحِبُّ مُحَمَّدٌ

---

السلام عليكم ورحمة الله وبركاته وبعد:

فإني أبعث لكم بتحياتي وتقديري، داعياً الله أن تكون أنت والأسرة الكريمة في أسعد حال.

صديقي: أرجو أن تبلغ أعطر التحيات وأسمى التهاني من والدي ومن إخواني ومني إلى والدكم الفاضل وإلى إخوانك الأعزاء، كم كنا نتمنى أن نزوركم في هذه المناسبة الكريمة لنسعد برؤيتكم والحديث معكم.

وفي ختام رسالتي أرجو أن تسعدنا بزيارة قريبة تغمرنا بالفرح والسرور، وتقبلوا خالص تحيتنا وعظيم تقديرنا، والسلام عليكم ورحمة الله وبركاته.

صديقك المخلص

زياد

## Your turn

**Task 6: Write a formal letter to your local town representative asking them to open a new sports space for chess competitions in the local cultural centre.**

# 16 Writing imaginative texts كتابة النص الخيالي

**Imaginative** texts' primary purpose is to **entertain** (التّسْلِية) through their imaginative use of literary elements. They are recognised for their form, style and artistic or aesthetic value.

An **imaginative** text should have:

✶ **orientation** that introduces the story including **time** and **place**, the **settings** and the main **characters (شخصيات)** or **narrator**.

✶ **complication**: a sequence of events (الأحداث) that start in a regular fashion (منطقية الحدوث) however become **unusual** (منافية للمنطق) or **dramatic** forcing the characters to react.

✶**resolution** that overcomes the complication and **solves the problem**.

✶ **coda (المقطع الختامي)**: an optional stage evaluating the events, allowing the reader to understand how the characters have changed.

**A good imaginative story should contain the following features.**

a a **title** (العنوان) that reflects what will happen in the story.

b an **orientation** (المقدّمة) that introduces the story: **time, place and characters**.

c language of **description** (الوَصْف) is used throughout the text to keep the reader's attention and to add detail.

d correct use of the **past tense (الماضِي)**.

e a **dialogue** (الحوار) is included using the present tense.

f the **complication** (العُقْدَة) or **problem** is highlighted.

g the story includes **fantastical** elements (عناصر خارقة للطبيعة).

h a **trip** or a **challenge** (الصراع) faced by the hero.

i a good **ending** (نهاية) with good triumphing over evil.

# Writing an imaginative text

## A Step By Step Plan

Let's plan the draft.

### Step 1: Create the characters in the orientation

> The main **characters** (شخصيات) and their **personalities** (this means the names and some words describing: key personality traits, what drives them, their best/ worst characteristics and 'fatal flaws').

**Task 1:** Write as many different settings as you can for each kind of story. Each one has been started for you.

| أفعال الكلام (لوصف كلام الشخصيات) | أفعال الأحداث (لوصف ما يقوم به الشخصيات) | الصفات (لوصف الشخصيات) | الشخصيات |
|---|---|---|---|
| يَصيح - يَسْخُر - يُنادي | يجري - يَدُوس - يلتهم | كبير - مُخيف - عنيف | عِمْلاق في قصّة خرافيّة |
| | | | طِفْل في مُغَامَرة |
| | | | حَيَوان في قصّة فكاهيّة |
| | | | رائد فَضَاء في قصّة خَيال عِلْميّ |
| | | | مُفتِّش في قصّة بوليسيّة |
| | | | شخصيّة في قصّة تَاريخيّة |

**Task 2:** Create particular kinds of characters that readers want to read about. Complete the table below.

### Types of story characters

| الشخصيات الشرّيرة | الشخصيات الطيّبة | |
|---|---|---|
| | شُجاع - مُغَامِر - مَرِح | طفل |
| كبير - مُخيف - عنيف | | عملاق |
| قاسية - غيورة - مُتَحيّلة | | امرأة |
| | كَريم - عَادِل - حَكيم | مَلِك |

# The Arabic Companion's Guide To Writing

**Task 3:** Write a paragraph to describe a good character.

..................................................................................................................
..................................................................................................................
..................................................................................................................

**Task 4:** Write a paragraph to describe a character who causes problems.

..................................................................................................................
..................................................................................................................
..................................................................................................................

## Step 2: Create time and place

The significant aspects of **place** (المكان), **time** (الزمان) and atmosphere. Narratives are set in different places and times. The **setting** (الإطار) has an impact on the initiating events/ problem/ ending.

**Task 5:** Write as many different settings as you can for each kind of story. Some have been started for you.

| إطار القصّة | القصّة |
|---|---|
| غابة كثيفة ومخيفة في فصل الشتاء | مُغامَرَة |
|  | قصّة واقعيّة |
|  | قصّة فكاهيّة |
| في المستقبل البعيد في كوكب جديد | قصّة خيال علميّ |
|  | قصّة بوليسيّة |
|  | قصّة تاريخيّة |

Describing words help readers to visualise each setting better.

# Writing an imaginative text

**Step 3: Decide on the plot**

The plot (الحِبْكَة) is the **series of events** (الحَدَث) that take place. It's the action of the story that drives the narrative forward. The reader is drawn into a story by **identifying** with the **central character** (بطل القصّة). An interesting plot builds to a **climax** (الذِّروة).

Here's a short plot:

> أُخْتَانِ تَلْعَبَانِ فِي حَدِيقَةِ مَنْزِلِهِمَا، كَعَادَتِهِمَا كُلَّ يَوْمٍ بَعْدَ الْمَدْرَسَةِ.
> تَجِدُ الْأُخْتُ الصُّغْرَى قَزْمًا جَالِسًا تَحْتَ شَجَرَةٍ.
> الْقَزْمُ يَتَكَلَّمُ. يُخْبِرُ الْأُخْتَانِ بِالذَّهَابِ إِلَى مَنْزِلِهِمَا وَإِحْضَارِ بَعْضِ الطَّعَامِ لِأَنَّهُ جَائِعٌ.
> الْأُخْتُ الْكُبْرَى خَافَتْ وَرَاوَدَهَا الشَّكُّ لِأَنَّ الْأَقْزَامَ لَا تَظْهَرُ لِلنَّاسِ عَادَةً.
> عَلَى الرَّغْمِ مِنْ اعْتِرَاضَاتِ أُخْتِهَا وَتَحْذِيرَاتِهَا، تَذْهَبُ الْأُخْتُ الصُّغْرَى إِلَى خِزَانَةِ مُؤَنِ الْأُسْرَةِ وَتُحْضِرُ الْقَزْمَ بَعْضَ الطَّعَامِ.
> شَكَرَ الْقَزْمُ الْفَتَاةَ، ثُمَّ وَعَدَهَا بِالْمَالِ الْكَثِيرِ.
> مُنْذُ ذَلِكَ الْيَوْمِ فَصَاعِدًا، تَجِدُ الْأُخْتُ الصُّغْرَى كُلَّ صَبَاحٍ بَعْضَ الْمَالِ أَمَامَ غُرْفَتِهَا.
> الْأُخْتُ الْكُبْرَى انْبَهَرَتْ. لَمْ يَكُنْ هَذَا مَا تَوَقَّعَتْهُ، وَهِيَ سَعِيدَةٌ لِأَنَّ اللِّقَاءَ مَعَ الْقَزْمِ كَانَ عَجِيبًا.

**Task 6:** Answer the following questions.

a. Are there any details about the setting? ........................................
b. Are there any details about the girls' personalities? ........................................
c. Did the plot need the above details? ........................................
d. However, can they add elements to the plot? ........................................

**Step 4: Add complications /a conflict in the story**

A **complication** (تَعْقِيد) is something that goes **wrong** for a character in a story. It sets off the chain of events in the story. A **conflict** (صَدْمَة / صِرَاع) between **opposing forces** is **needed**, and should be integral to the theme. The conflict can be between the central character and other characters, between the central character and his circumstances, or between conflicting desires within the central character.

> لابد من وضع بعض التَقَلُّبَات غير المتوقعة ولكنَّها مُبرَّرة: الخداع مثلًا أو الخيانة، وعادة ما تزيد تلك التفاصيل الصغيرة مِن رغبة القارئ في استكمال القصة للنهاية.

# The Arabic Companion's Guide To Writing

**Task 7:** Write the complication for this story.

## الحادثُ الغريب

| | |
|---|---|
| تقديم الإطار الزماني والمكاني والشخصيات | بدَأت سَميرة بالعودة إلى المنزل عَلى درَّاجتها. كانت متعبة وجائعة وَكان المساء يشتَدُّ ظُلْمَةً. الطريق الرِّيفيّ المُؤَدِّي للبيْتِ خالٍ مِن النَّاس وَكانَ صَعْبًا أن تَرى طَريقها بوضوحٍ. |
| العُقْدَة | وَفَجْأَةً... |
| الأحْداث | كانت سَميرة مُنْبَطِحَةً عَلى الأرض عَلى جانب الطّريق. أصيب كاحلها. حاولت الوقوف لكن كاحلها كان مُؤلمًا للغاية. بدأت بالبُكَاء. فَصَرّختْ "النَّجْدَة!". |

**Task 8:** Think of a possible reason for Sameera's accident that would match the title of the story. Write it here.

..................................................................................................

..................................................................................................

..................................................................................................

### Step 5: Do not 'tell' the story

> تتعرف على القصة بدون الحاجة إلى الإشارة إليها ونستنبط ذلك عبر أفعال الشخصيات.
> The reader wants to witness the action for himself. **Necessary information** can nearly always be woven into the action smoothly and **unobtrusively** (بدون الإشارة إليها).

**Task 9:** Which of the two texts conveys interesting information and is unobtrusive?

☐ أ. عِنْدَمَا أَطْفَأَتْ وَالِدَتُهُ الضَّوْءَ وَغَادَرَتْ الغُرْفَةَ، تَوَتَّرَ أَحْمَد. جَلَسَ تَحْتَ الأَغْطِيَةِ، وَأَمْسَكَ بِالْمُلَاءَاتِ، وَحَبَسَ أَنْفَاسَهُ عِنْدَمَا كَانَتِ الرِّيحُ تُحَرِّكُ السِّتَارَةَ.

☐ ب. كَانَ أَحْمَد يَخَافُ الظَّلَامَ كَثِيرًا.

## Step 6: End with a resolution

عادة ما تنتهي القصص بحل نزاع مركزي. عادة ما يصل هذا الصراع المركزي بين البطل والخصم إلى ذروته خلال ذروة القصة ويتم حلّه في النهاية.

The **resolution** (حلٌّ للصِّراع) of a story is the **conclusion** of a story's plot. The resolution is a great place to highlight how your protagonist has changed throughout the story.

**نهاية قصّة "سندريلا"**

تُخْتَتَمُ هذه القصَّة الخُرافية بنهاية سعيدة للشخصية الرئيسية، سندريلا، ونهاية كارثية لشَقِيقَتَيْهَا القَاسِيَتَيْن.

**نهاية قصّة "روميو وجولييت"**

في المشهد الأخير من المسرحية، اتفقت عائلتا روميو وجولييت على إنهاء الخلاف العائلي. يتضمن هذا القرار نهاية مأساوية للشخصيات الرئيسية ونهاية ايجابيّة للشخصيات الثانوية.

## Step 7: Match the title to the story

A good **title** (عُنْوَان) will generate **interest** (إثارة الإهتمام) and intrigue readers without giving away too much plot.

**Task 10:** **Write titles for the plot of each story below.**

تَمَّ اخْتِطَافُ أَمِيرَةٍ وَهِيَ طِفْلَةٌ صَغِيرَةٌ وَتَمَّ سِحْرُهَا لِكَيْلَا تَعُودَ لِلْمَلِكِ مَرَّةً أُخْرَى وَهُنَا تَحْدُثُ الْكَثِيرُ مِنَ الِاشْتِبَاكَاتِ الْمَبْنِيَّةِ عَلَى اشْتِبَاهٍ فِي طَبَّاخِ الْمَلِكِ وَمِنْ ثَمَّ تَبْدَأُ الرِّحْلَةُ فِي تَحْطِيمِ التَّعْوِيذَةِ لِتَعُودَ لِوَالِدَيْهَا.

العُنوان: ..................................................................

قِصَّةٌ خَيَالِيَّةٌ عَنْ جُنْدِيٍّ شُجَاعٍ يَقُولُ بِحَلِّ وَكَشْفِ الْأَلْغَازِ وَمُحَارَبَةِ الشَّرِّ؛ وَذَلِكَ بِالِاسْتِعَانَةِ بِ امْرَأَةٍ ذَكِيَّةٍ لَدَيْهَا أَفْكَارٌ خَيَالِيَّةٌ لِلتَّغَلُّبِ عَلَى الشَّرِّ، وَتَتَمَيَّزُ الْقِصَّةُ بِاخْتِلَافِ الْمُغَامَرَاتِ الَّتِي يَخُوضُهَا الْبَطَلُ.

العُنوان: ..................................................................

يُمْكِنُ أَنْ تَكُونَ الْقِصَّةُ عَنْ حُورِيَّةِ الْبَحْرِ وَرَغْبَتِهَا فِي أَنْ تُشْفِيَ وَالِدِهَا الْمَرِيضِ، وَسَعْيًا لِ هَذَا تَقُومُ بِالتَّحَوُّلِ إِلَى بَشَرِيَّةٍ لِلْبَحْثِ عَنْ بَعْضِ التَّعَاوِيذِ الَّتِي تَسْتَطِيعُ مِنْ خِلَالِهَا إِنْقَاذَ وَلَدِهَا، وَلَكِنَّهَا لَدَيْهَا فَقَطْ أُسْبُوعٌ لِتَحْصُلَ عَلَى كِتَابِ السِّحْرِ وَفِي تِلْكَ الْفَتْرَةِ تَحْدُثُ الْكَثِيرُ مِنَ الْمُغَامَرَاتِ.

العُنوان: ..................................................................

# The Arabic Companion's Guide To Writing

**Sample story**

This is an example. Read the comments about the sample story on the right.

## قِصَّةُ السُّلَحْفَاةِ وَالْبَجَعَتَانِ

← العنوان

فِي يَوْمٍ مِنَ الْأَيَّامِ كَانَتْ هُنَاكَ بَجَعَتَانِ تَرْغَبَانِ فِي الذَّهَابِ إِلَى مَكَانٍ آخَرَ غَيْرِ الَّذِي تَعِيشَانِ بِهِ؛ لِلْبَحْثِ عَنِ الْمِيَاهِ وَالطَّعَامِ وَالاسْتِقْرَارِ، وَهُنَا جَاءَتْ إِلَيْهِمَا السُّلَحْفَاةُ صَدِيقَتُهُمَا، وَعَلِمَتْ بِمَا يُرِيدَانِ فِعْلَهُ، وَأَخَذَتْ تَرَجَّاهُمَا أَنْ تَأْتِيَ مَعَهُمَا لِلْمَكَانِ الَّذِي سَتَذْهَبَانِ إِلَيْهِ.

← تقديم الإطار والشخصيّات

وَهُنَا اعْتَذَرَتِ الْبَجَعَتَانِ لَهَا؛ لِأَنَّ السُّلَحْفَاةَ حَرَكَتُهَا بَطِيئَةٌ، وَلَنْ تَتَمَكَّنَ مِنَ التَّحَرُّكِ بِسُرْعَةٍ، وَلَكِنَّهَا أَصَرَّتْ عَلَى الذَّهَابِ مَعَهُمَا، وَأَخَذَتْ تُلِحُّ فِي طَلَبِهَا، وَتَتَوَسَّلُ إِلَيْهِمَا، وَبِالْفِعْلِ وَافَقَتَا فِي النِّهَايَةِ عَلَى أَخْذِهَا مَعَهُمَا.

← بداية الحبكة والمشكل

وَلَكِنْ حَدَثَ بَيْنَهُمْ اتِّفَاقٌ وَهُوَ أَنَّ السُّلَحْفَاةَ تُمْسِكُ بِغُصْنِ الشَّجَرَةِ، وَتَضَعُهُ بِفَمِهَا؛ حَتَّى تَكُونَ مُعَلَّقَةً بِهِ، وَتَطِيرَ الْبَجَعَتَانِ وَهِيَ تَكُونُ مَعَهُمَا. وَهُنَا وَعَدَتْهُمَا السُّلَحْفَاةُ بِأَنَّهَا لَنْ تَفْتَحَ فَمَهَا خِلَالَ طَيَرَانِهِمَا لِلْمَكَانِ الْآخَرِ؛ حَتَّى تَذْهَبَا بِأَمَانٍ وَسَلَامَةٍ.

← الصِّراع: صراع داخليّ

وَخِلَالَ انْتِقَالِهِمْ مِنْ مَكَانٍ لِآخَرَ شَعَرَ النَّاسُ بِالتَّعَجُّبِ وَالاسْتِغْرَابِ بِسَبَبِ مَشْهَدِ الْبَجَعَتَيْنِ وَهُمَا تَطِيرَانِ، وَمَعَهُمَا السُّلَحْفَاةُ وَهِيَ مُعَلَّقَةٌ بِإِحْدَى الْأَغْصَانِ.

وَتَصَرَّفَتِ السُّلَحْفَاةُ تَصَرُّفًا غَبِيًّا أَثَّرَ عَلَيْهَا بِالسَّلْبِ فِيمَا بَعْدُ، فَقَدْ قَامَتْ بِفَتْحِ فَمِهَا، وَخَاطَبَتِ النَّاسَ وَسَأَلَتْهُمْ لِمَاذَا هُمْ مُنْدَهِشُونَ.

← الذّروة

وَهُنَا وَاجَهَتِ السُّلَحْفَاةُ مَصِيرَهَا وَسَقَطَتْ عَلَى الْأَرْضِ، وَتَعَرَّضَتْ ضُلُوعُهَا لِلْكَسْرِ، وَشَعَرَتْ بِالْأَلَمِ الشَّدِيدِ.

← نهاية الحبكة

وَبَدَأَتْ فِي الاعْتِذَارِ لِلْبَجَعَتَيْنِ، وَأَخَذَتْ تَبْكِي بِشِدَّةٍ، وَشَعَرَتْ بِتَأْثِيرِ مَا فَعَلَتْ، وَقَالَتْ أَنَّ هَذَا جَزَاءُ مَنْ لَمْ يَفِ بِالْوَعْدِ، وَيَتَكَلَّمُ كَثِيرًا دُونَ التَّفْكِيرِ أَوَّلًا.

← حلّ الصّراع والنهاية

## Writing an imaginative text

### Your turn

**Task 11:** Consider the following tips.

Students find the following specific content particularly useful for focused re-draft tasks:

- **الحوار**: هل يمكن تحسينه من أجل: توجيه أحداث القصة؟ اِضافة إلى وصف الشخصيّات؟ تعديل الوتيرة؟

- **الشخصيّات**: هل يمكن تحسين ذلك من أجل: جعل الشّخصيّات أكثر مِصْداقيّة؟ جعل القارئ يهتم بما يحدث في القصّة؟

- **الإطار**: كيف يمكن استخدام الإطار المكاني والزّماني من أجل: توفير مشهد واضح للقصّة؟ ضبط الفكرة الرئيسيّة؟ تغيير الوتيرة؟

- **ترابط / هيكل الحبكة**: هل الأحداث واضحة؟ هل الشّرح جيّد؟

- **الوتيرة**: متى يجب أن تتقدّم أحداث القصة بسرعة؟ بُبطئ؟ كيفية استخدام الحوار والإطار والاستعارات / النّعوت وطول الجملة والمفردات والتخطيط وما إلى ذلك لتحقيق ذلك.

Students find it helpful to know some of the ways that stories could begin. The story beginnings that students find most useful to be taught are:

- **البداية التقليدية**:

"ذات مرة ...كان يا مكان في قديم الزمان.."

- **وصف الشخصية**:

"كانت زيْنب صغيرة وسمراء وذات عيون جميلة وكبيرة. كانت من البنات اللّاتي ... "

- **الإطار / المكان**:

"الغُرْفة كانت باردة ومغبرة. شُعاعٌ من نور الشمس يتدفق عبر فجوات في السقف ... "

- **الحِوار**:

قالت والدة زيْنب مُحذِّرةً: "يمكنك الذّهاب إلى منزل الجدّة، ولكن لا تذهب إلى أيّ مكان آخر."

- **السؤال**:

"لماذا دَخَلْتُ الغُرْفة في ذلك اليوم؟ ما الدَّافِعُ الغريب الذّي دفعني إلى صعود الدّرج؟"

# 17 Writing good titles كتابة العنوان المناسب

Good **titles (العناوين)** help readers find your article, and decide whether to keep reading. They also help writers **prepare readers** to understand the **topic** (الموضوع) that is to follow. Like any piece of writing, an effective title does not appear in one magic moment; it takes **brainstorming** (العصْف الذّهنيّ) and revising (المراجعة).

A good title should:

- ✶ **predict** (يتنبأ) content.
- ✶ catche the **reader's interest** (يجذب اهتمام القارئ).
- ✶ **reflect** the **tone** (يعكس نبْرَة) or slant of the piece of writing.
- ✶ contain **keywords** (كلمات مفتاحيّة) that will make it easy to access by a computer search.

**A good title should contain the following features.**

a **reflects** what will happen in the article.

b **concise** and **informative**.

c **entices** the readers and gives them enough **information** to keep them reading.

d **suitable** for the target **audience.**

## A Step By Step Plan

Let's plan our approach.

**Step 1: Identify major themes in your work.**

Look at your **themes** (الأفكار الرئيسية التي يحتوي عليها النص) and **topic sentences (الجُمل الافتتاحيّة)**. Reading these sentences together can help you pick out themes, symbols in your work that can be integrated into the title.

**Step 2: Determine your target audience.**

A good title considers the subject matter of the work and the audience (الجمهور المُستَهدَف) that will be most likely to read it. Think about what is most likely to appeal to the readers: content? humour? Style?

# Writing good titles

**Task 1:** Which audience would be attracted to the title?

أ. ٥ تجارب علميّة تُثبتُ تأثير طريقة العيْش على اللياقة البدنيّة

ب. ٥ طُرُق بيداغوجيّة لِتَعْليم أولادك أهمّية اللياقة البدنيّة

ج. تأثير طريفة العيش على اللياقة البدنيّة

د. ٥ تمارين للحصول على لياقة دائمة

ه. كَيْف تُحافظين على لياقتك البدنيّة في البيت؟

| الشباب والرياضيون المُثابرون | طلبة الجامعات | المُدرّسون | الباحثون | رَبّات البيت |
|---|---|---|---|---|
| | | | | |

**Step 3: Think about the function of a title.**

فكّر في الغَرَض أو الوظيفة التي يؤديها المَقال. من المُهمّ كذلك أن يُعَبِّر العنوان بوضوح عن طبيعة المقال، سواء كان ذا سياق تاريخي أم نهج نظري أم أنه يتناول نقاش جَدَلِيّ ويَسْعَى لإقناع القارئ بوِجْهة نظر بِخُصوص قَضِيّة مُعَيَّنة.

Titles predict the content in the essay, reflect the tone or slant, include keywords, and catch interest. A title can also reflect the purpose of the article (يؤدي الغرض بكفاءة), such as historical context, theoretical approach, or argument.

Let's consider the title of a famous book "*The Season for North Migration*" by the Sudanese author Tayeb Salih.

**الفكرة العامّة للمُحْتَوَى:** أراد الكاتب والروائي الطيب صالح من خلال هذه الرواية أن يُجسّد **الصراع** الأزلي القائم بين **الشرق والغرب** على أصعدة مختلفة، مبرزًا **التمايز والمفارقات** العديدة بين هاتين الحضارتين.

**العُنوان:** يحمل عنوان الرواية "**موسم الهجرة إلى الشمال**" عدة مفارقات جدليّة؛ إذ يمكن أن يشير في دلالته العميقة إلى وجود صدمة نفسية وفكرية من جهة، ووجود جوّ درامي من جهة أخرى:

- لفظ "**الهجرة**": في سياقه الكامل يعطي دلالة على أنها هجرة ثقافية مرتبطة بالزمان والمكان وليست مقتصرة على الخروج من الوطن فقط.
- لفظ "**موسم**": يُعطي تلك الهجرة طابعًا جماعيًّا.
- لفظ "**الشمال**": يشير إلى أنّ هناك مكانًا آخر مغايرًا يُقابله وهو الجنوب، وبينهما اختلافات عديدة.

# The Arabic Companion's Guide To Writing

## Step 4: Make the title concise and informative

A **good title** should convey the **important information** and keywords. A title that is too long can be cumbersome and get in the way.

Which title would be the most acceptable? Let's analyse the titles of a research paper.

أ. هل يؤدي تطعيم الأطفال والمراهقين بفيروس الأنفلونزا إلى منع انتشار الأنفلونزا بين السكان غير المصابين بها في المجتمعات الريفية؟

This title has too many unnecessary words.

ب. تطعيم الأطفال ضد الإنفلونزا: تجربة عشوائية.

This title doesn't give enough information about what makes the content (research) interesting.

ج. تأثير تطعيم الأطفال ضد الإنفلونزا على معدلات الإصابة في المجتمعات الريفية: تجربة عشوائية.

This is an effective title. It is short, easy to understand, and conveys the important aspects of the research.

## Step 5: Re-work your title

Titles need to be written, expanded, and **edited** several times. Using your lists of **themes**, possible **audiences**, phrases, and quotes created in the previous steps, **brainstorm** possible title words and phrases.

Finally, let's have a look at these good titles.

أ. التأثير السلبي لاستبدال الحكام على مشجعي كرة القدم

← (الفكرة الرئيسية والجمهور المُستَهدَف)

ب. "نكسة ١٩٦٧": شرح ما حدث بين العرب وإسرائيل

← (اقتباس وفكرة رئيسية).

ج. العندليب الأسمر: عبد الحليم حافظ، سيرته وأعماله

← (تشبيه لغوي وفكرة رئيسية وشرح لما يقدمه المقال من موضوعات).

# Writing good titles

**Task 2:** Match the titles below with their characteristics.

| Type of title | Title # |
|---|---|
| a. Use of a simile/metaphor to pass a personal view | |
| b. Direct title: straight into the topic but with a hint of a personal opinion | |
| c. Use of quotation and main idea | |
| d. Use of interrogative title to entice us to think about the answer | |
| e. Main idea and a subtitle but with a hint of a historical view | |
| f. Main idea and a subtitle with a cause and effect | |

**Task 3:** Find or create fictional titles with the following characteristics.

a. Use of a simile/metaphor to pass a personal view

..................................................................................................

b. Direct title: straight into the topic but with a hint of a personal opinion

..................................................................................................

c. Use of quotation and main idea

..................................................................................................

d. Use of interrogative title to entice us to think about the answer

..................................................................................................

e. Main idea and a subtitle but with a hint of a historical view

..................................................................................................

f. Main idea and a subtitle with a cause and effect

..................................................................................................

# The Arabic Companion's Guide To Writing

## Writing titles for online articles

Unlike academic writing, titles in online articles tend to be focused on attracting the reader's attention using different techniques. Let's see some of them.

سنتعلم اختيار العنوان المناسب وكيف نكتب عناوين مقالات ومُدوّنات رائعة تساعدنا على جذب انتباه القارئ لمقالنا والاطلاع عليه، وتحقيق مزيد من الزيارات والانتشار للمحتوى.

### Use numbers and lists

للأرقام تأثير سحري على عين القارئ وعقله، إذ توحي له بالحصر والتنظيم، وتعطيه لمحة عن مدى طول الموضوع -أحيانًا!

- 5 طرق لزيادة الزيارات إلى موقعك
- 10 ماسكات لتنعيم البشرة في أقصر وقت

### Use the keyword 'guide' in the title

من منا لا يرغب في أن يجد تعليمات شاملة ومُفصَّلة حوْل موضوع معيّن؟ يعود عليك توظيف كلمة دليل في عناوين مقالات تحوي تعليمات حول أمر يهم القارئ بالفائدة.

- دليلك الشامل لاستخدام نظام ويندوز الجديد
- الدليل الوحيد لكتابة عناوين مقالات رائعة!

### Use suspense and reader's curiosity

أن توحي للقارئ بأن المقال يحتوي أمرًا لا يعرفه أو أن معرفته به ناقصة. ويعرف هذا باستغلال "فجوة الفضول" عند من يطالع المقال.

- 7 أشياء لا تعرفها عن فيروس كورونا
- 3 أسرار لاختيار عنوان مناسب لمقالي الأول

### Use the 'how' word

وغالبًا ما تستخدم كلمة كيف في العناوين لإعلام القارئ بوجود حل للمشكلة التي يبحث عنها داخل المقال. أي أن المحتوى المكتوب داخل المقال يسعى لمساعدتك عزيزنا القارئ الحائر.

- كيف أنظف السجادة في المنزل؟
- كيف أحسن من تركيزي في القراءة؟

# Writing good titles

## Use numbers and lists

لا خلاف على أن أسلوب السؤال هو من أكثر الأساليب المستخدمة لجذب الانتباه، إذ يحفزنا على التفكير في الجواب مباشرة.

- ما هي أصغر دولة في العالم؟
- لماذا نحب التأجيل والمماطلة في تنفيذ المهام؟

## Use straightforward titles

وعلى الرغم من وضوحه، فهو يطرق صلب الموضوع مباشرة دون لف أو دوران.

- كتاب مجاني للتنزيل
- دليل استخدام تويتر لأفضل النتائج

## Use controversial titles

وهي تلك التي تعتمد على نقض المتعارف عليه أو قلب الحقائق المعروفة.

- هل تحسّن النظافة من مستوى الصحة؟
- ما هي أكبر الأخطاء التي يرتكبها الرياضيون؟

## Use titles based on personal experience

وتعتمد العناوين المكتوبة بهذه الطريقة على تجربة يقدمها كاتب المقال للقرّاء، وهو بذلك يقدّم لهم خلاصة المرحلة التي مرّ بها أثناء استعمال منتج ما أو توظيف أسلوب معين للحصول على نتائج مرغوبة.

- تجربتي مع خدمة الزبائن في فندق برج العرب
- هذا ما تعلمته من استخدام كاميرا الآيفون برو الجديدة!

# 18 Assignment Prompts مطالبات الواجب

When you receive an **assignment (واجب)**, your first step should be to read the assignment prompt carefully to make sure you understand what you are being asked to do.
The following list is not exhaustive or prescriptive. It serves to illustrate the **instructions (تعليمات)** and settings likely to be encountered in the examination **questions (أسئلة)**.

When you read the assignment prompt, you should do the following:

## Look for action verbs.

Verbs like analyse, compare, discuss, explain, etc can help you understand what you're being asked to do with an assignment.

| | |
|---|---|
| Answer the... | أجبْ عن ... |
| Tell... where/when | احكِ ... أين / متى |
| Tell / inform ... | أخبرْ ... |
| Choose one of the following topics/titles | اخترْ واحداً من الموضوعات / العنوانات الآتية |
| Invite... | ادعُ ... |
| Mention... | اذكرْ ... |
| Ask/request... | اسألْ / اطلبْ ... |
| Ask about/request information about... | اسأل عن / اطلب معلومات عن ... |
| point to... / return to / recall | أشرْ إلى... / عُدْ / ارجعْ ... |
| Explain why... | اشرح السبب ... |
| Explain your reactions... | اشرحْ ردود فعلك ... |
| Explain why (not) | اشرح لِمَ (لا) |
| Thank ... | اشكرْ ... |
| Apologise.. | اعتذر.. |
| Suggest...one idea/two things that... | اقترح ... فكرة واحدة / شيئين اثنين اللذين ... |
| Write...an article/email/list | اكتبْ ... مقالة / رسالة الكترونية / قائمة |
| Describe | صِفْ |
| Include | ضمّن |
| Imagine | تخيّلْ |
| Compare | قارن |

## Consider the broader goals of the assignment.

What kind of thinking is your instructor asking you to do? Are you supposed to be deciding whether you agree with one statement more than another? Are you supposed to be using/ mentioning a particular approach or all the approaches you have learnt? If you understand the broader goals of the assignment, you will have an easier time figuring out if you are on the right track.

| | |
|---|---|
| **Justify** your ideas and opinions. | بَرِّر أفكارك وآرائك |
| Write a letter to the local council in order to **persuade** them… | أكتب رسالة رسمية إلى مركز البلدية تقنعهم فيها بـ |

## Pay attention to the bullet points (if any).

It is very helpful to have a clear question, especially if it asks you to mention certain points. As it is clear as a question, your writing must be as clear.

| | |
|---|---|
| You must include the following points: | يجب أن تحتوي رسالتك على النقاط التالية: |

## Consider your audience.

It can be difficult to know what style of writing you should adopt when you are writing an essay. Here are some useful guidelines:

Read the rubrics: what are they asking you to do? Write a formal letter, a letter to a friend, an article in the school magazine? This should you give you ample guidance on who you are writing for.

| | |
|---|---|
| Write an informal response to Solomon. | أكتب ردًّا غير رسمي إلى سليمان. |
| Write a letter to the local council in order to persuade them… | أكتب رسالة رسمية إلى مركز البلدية تقنعهم فيها بـ |

## Consider the length of your writing.

Look for the number of words, lines or sheets of paper you have been asked to provide in your writing. When the question asks for 120 words, your target is 120 words. You may have two or three words more (or fewer) and that is acceptable.

| | |
|---|---|
| Write approximately 130–150 words in Arab | أكتب ما بين ١٣٠ و ١٥٠ كلمة باللغة العربية |

## And finally..

Plan your time, annotate, attempt all the questions on the topics you have studied, answer the question asked, write a short plan for the essay questions, proof read carefully and.. do not panic!

# The Arabic Companion's Guide To Writing

# The Arabic Companion's Guide To Writing

© Copyright Interlingo 2023

www.ingramcontent.com/pod-product-compliance
Lightning Source LLC
Chambersburg PA
CBHW081135170426
43197CB00017B/2864
* 9 7 8 1 9 1 6 1 2 2 9 4 9 *